もしかして となりの親子は里《さと》親《おや》子!?

里親家庭10組の、おとなと子どもの物語

里親研究者 三輪清子
わたなべとしえ 絵

理工図書

はじめに

「里親家庭」という言葉を知っていますか？

日本では、さまざまな事情で実の親と一緒に暮らせない子どもたちを、公的に保護し、養育する取り組みをしています。これを社会的養護といい、保護された子どもたちは里親家庭に委託されるか、児童養護施設または乳児院で暮らすことになります。

「里親」というと、多くの方は「養子縁組をした家族のこと」だと思われるかもしれませんが、そうではありません。里親家庭と養子縁組は似ているようで、実はまったく違うのです（このことについては本書の１１２ページで紹介しています）。

「里親家庭」は、保護された子どもたちを一時的に預かる家庭のこと。預かる期間は、たった一ヶ月ということもあれば、何年にも及ぶ場合もあります。

わたしたち夫婦はいま、里親として小学生の子どもを育てています。

八年前に里親として登録することに決め、四年前からはじめての子育てをしているのです。里親家庭は共働きの場合もたくさんありますが、わたしたちは話し合った結果、わたしは仕事を、夫は主に子育てを担当することになりました。わたしは普段、大学で子どもの福祉について教えているので、子どものことにはくわしいつもりでしたが、いざ一緒に暮らしてみると、たくさんの新しい発見があるものです。

この本では、そんな我が家のようすも含め、里親家庭に委託された子どもや、子どもを家庭に迎え入れた里親家庭の物語を紹介しています。本書を通して、里親家庭のことをたくさんの方に知っていただけるよう願っています。

目次

第2章 里親体験インタビュー

第3章

「里親制度」を知っていますか？

第4章 児童養護施設と家庭養育

第5章 子どもにやさしい国を目指して

第1章

いろいろな 里親子の暮らし

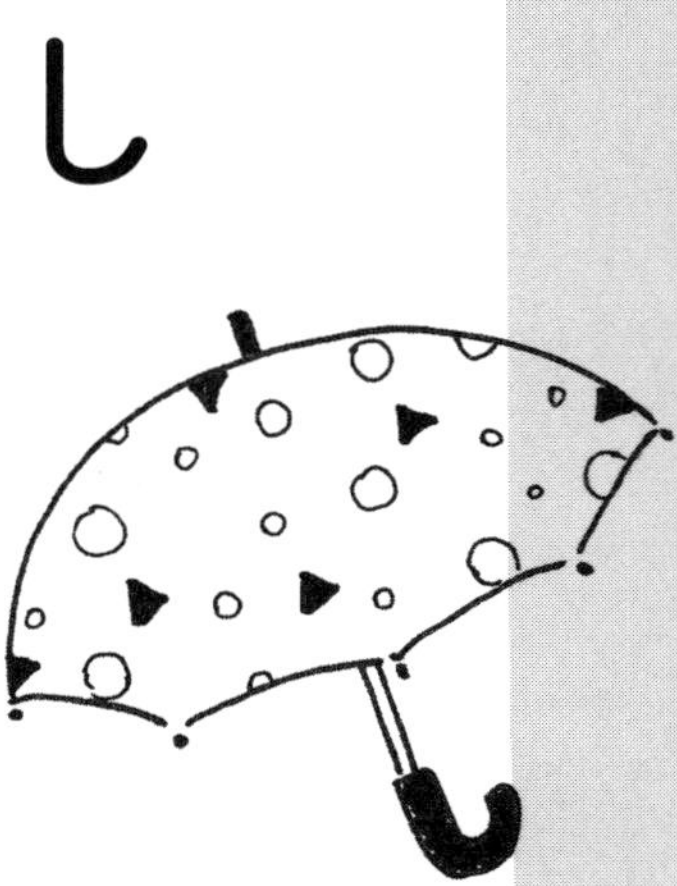

※ここから紹介する物語は、フィクションです。
実際のできごとを取材したエピソードに基づいていますが、登場する人物・団体・名称などは架空であり、実在のものとは関係ありません。

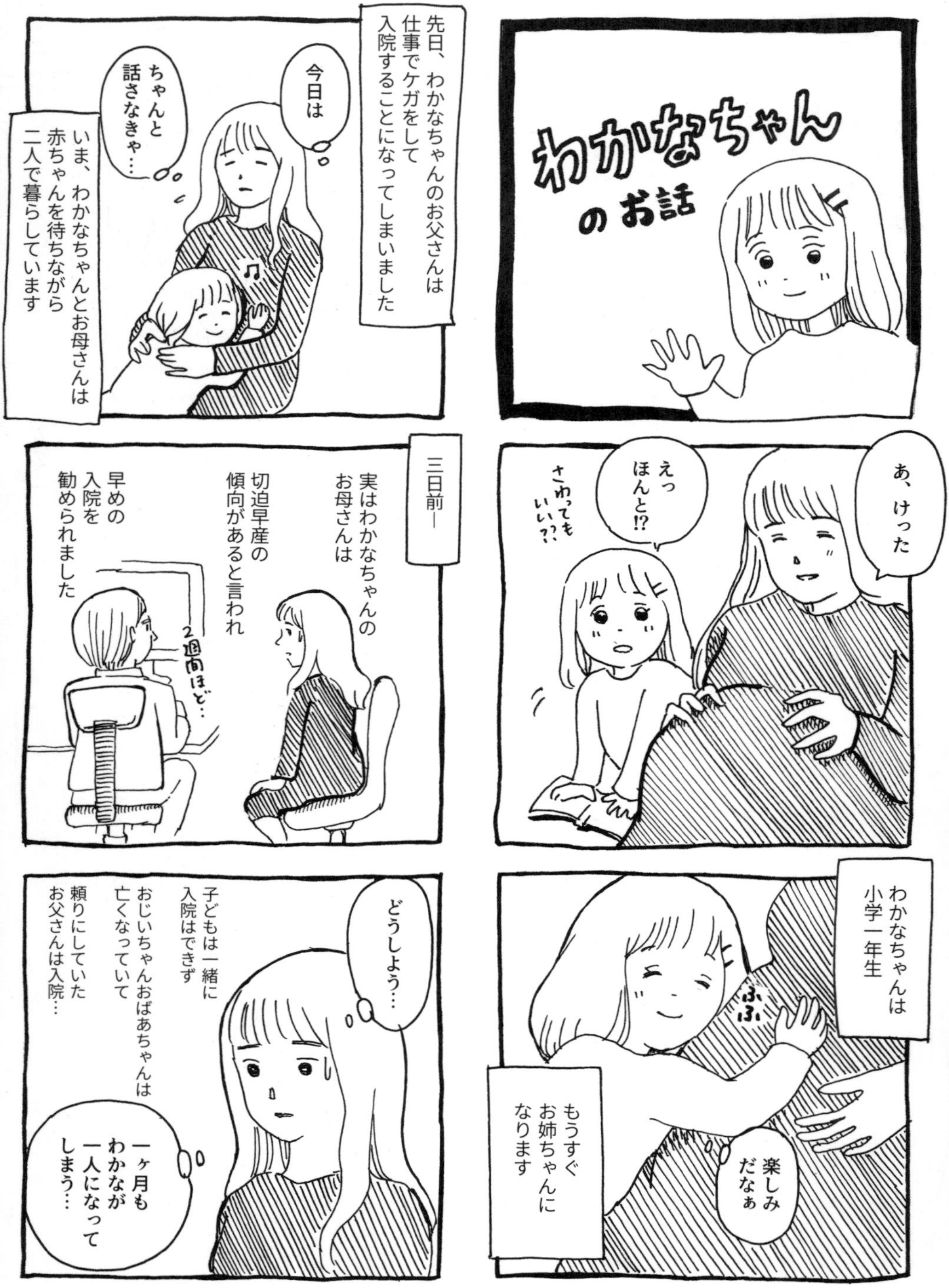
わかなちゃんのお話
あ、けった
えっ ほんと!?
さわってもいい?
わかなちゃんは小学一年生
ふふ
もうすぐお姉ちゃんになります
楽しみだなぁ
先日、わかなちゃんのお父さんは仕事でケガをして入院することになってしまいました
今日は
ちゃんと話さなきゃ…
いま、わかなちゃんとお母さんは赤ちゃんを待ちながら二人で暮らしています
三日前—
実はわかなちゃんのお母さんは
切迫早産の傾向があると言われ
早めの入院を勧められました
2週間ほど…
どうしよう…
子どもは一緒に入院はできず
おじいちゃんおばあちゃんは亡くなっていて
頼りにしていたお父さんは入院…
一ヶ月もわかなが一人になってしまう…

ファミリーサポート
ショートステイ？
出産 子ども宿泊
出産 長期入院
市の窓口で申し込めるのかな…
お母さんは市役所に相談しに行くことにしましたところが——
そんな…
それじゃどうしたらいいんでしょうか
上の子はまだ小さいんです
お母さん…
一年生になったばかりなのに
一人なんて絶対ダメ
でも…
子育て支援課
え？
どちらも利用できないんですか？
もし入院しないで
赤ちゃんに何かあったら…
お母さん
はい…
ショートステイは原則七日以内となっていまして…
長期だと…
ファミリーサポートも基本的に宿泊は行っていません
里親さんにお願いしてみる
…というのはどうでしょうか？

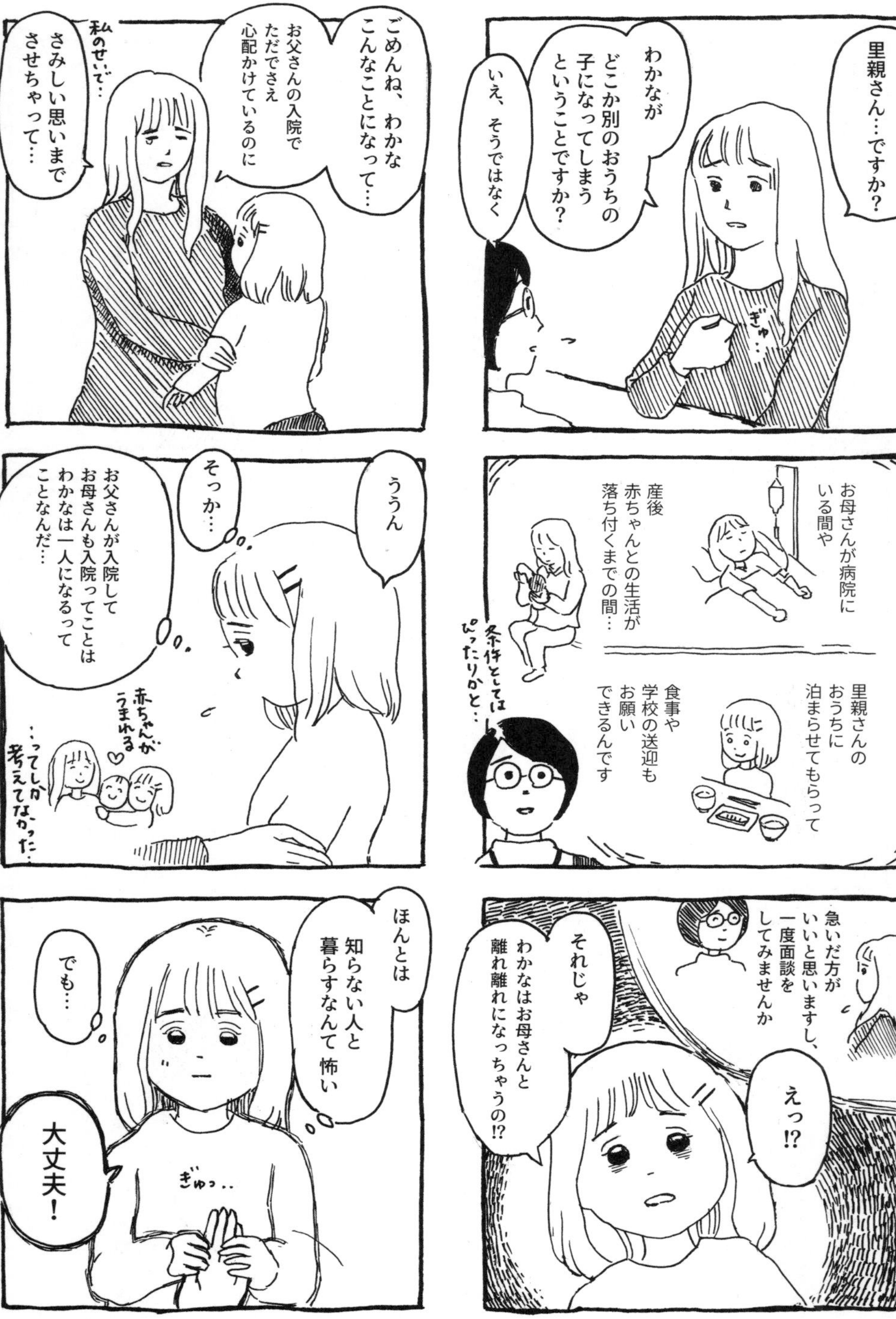
里親さん…ですか？
わかながどこか別のおうちの子になってしまうということですか？
いえ、そうではなく
ぎゅ…
ごめんね、わかなこんなことになって…
お父さんの入院でただでさえ心配かけているのに
私のせいで…
さみしい思いまでさせちゃって…
お母さんが病院にいる間や
産後赤ちゃんとの生活が落ち付くまでの間…
里親さんのおうちに泊まらせてもらって
食事や学校の送迎もお願いできるんです
条件としてはぴったりかと…
ううん
そっか…
お父さんが入院してお母さんも入院ってことはわかなは一人になるってことなんだ…
赤ちゃんがうまれる
…ってしか考えてなかった…
急いだ方がいいと思いますし、一度面談をしてみませんか
それじゃわかなはお母さんと離れ離れになっちゃうの!?
えっ!?
ほんとは知らない人と暮らすなんて怖い
でも…
大丈夫！
ぎゅっ..

ごめんねなんて言わないで わかな平気だよ！
お姉ちゃんになるんだし！
お母さん がんばって元気な赤ちゃん産んでね!!
どうぞ
コト‥
わかな…
いつも内気で
甘えん坊のわかなが涙も見せずに…
ぐっ
…うん
いざ里親さんを前にすると
どうしよう 大丈夫って言ったのに
お顔がキュッてする…
あいさつしたいのに お顔を見るのが怖い
やっぱり不安でいっぱいになってしまったわかなちゃんでしたが…
わぁ おいしい!!
がんばる…
…がんばろう…！
お母さんとわかなちゃんは紹介された里親さんに会ってみることにしました
森さんという方で長年里親をされているベテランの方です
はい…
あたたかいものってほっとするよね わかなちゃん
「森さん」の笑顔がふんわりとあたたかくて

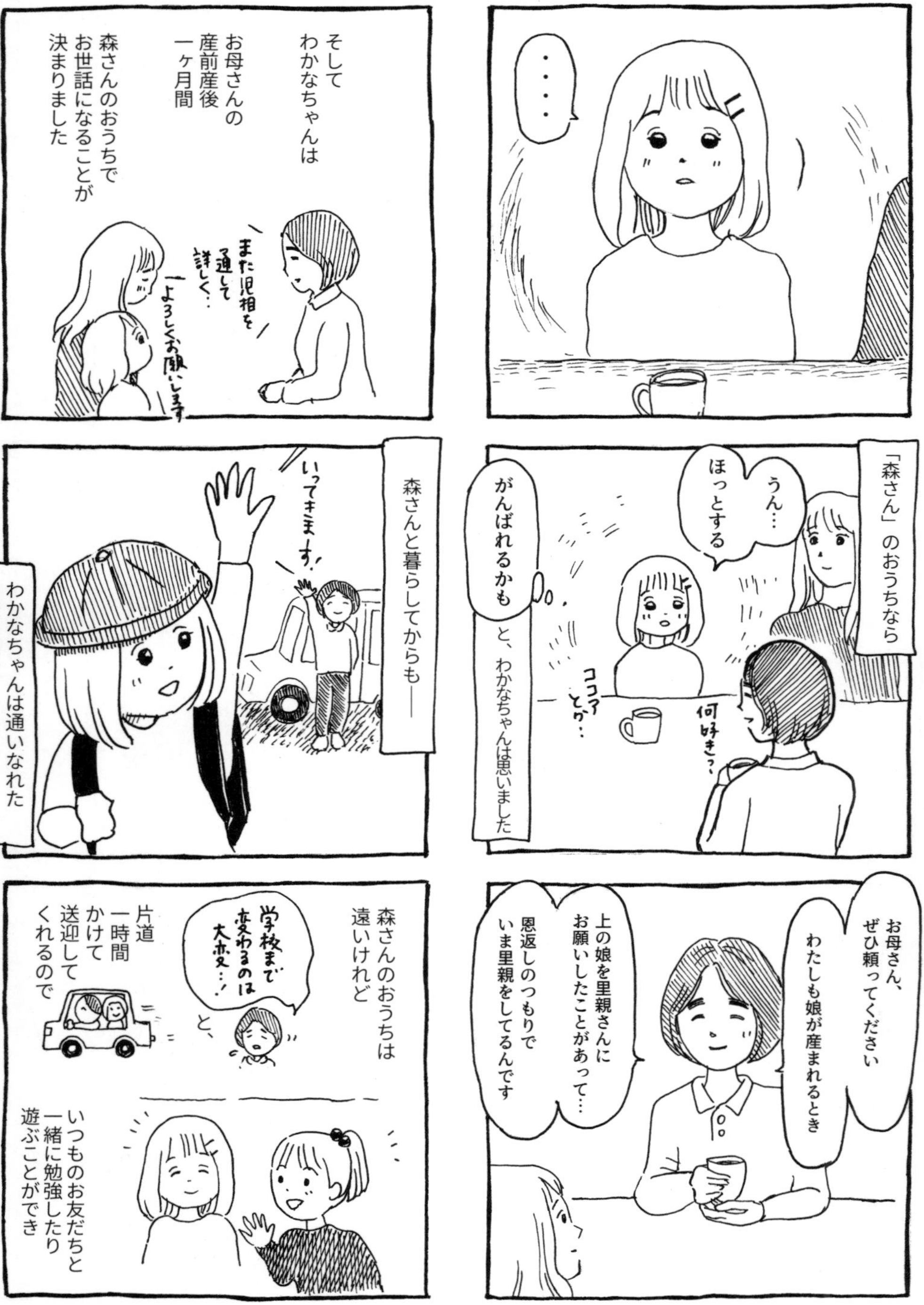

・・・・
そして
わかなちゃんは
お母さんの
産前産後
一ヶ月間
森さんのおうちで
お世話になることが
決まりました
また児相を通して詳しく…
よろしくお願いします
「森さん」のおうちなら
何好き？
ココアとか…
うん…
ほっとする
がんばれるかも
と、わかなちゃんは思いました
森さんと暮らしてからも――
いってきます！
わかなちゃんは通いなれた
学校に通っています
お母さん、
ぜひ頼ってください
わたしも娘が産まれるとき
上の娘を里親さんに
お願いしたことがあって…
恩返しのつもりで
いま里親をしてるんです
森さんのおうちは
遠いけれど
学校まで変わるのは大変…！
と、
片道
一時間
かけて
送迎して
くれるので
いつものお友だちと
一緒に勉強したり
遊ぶことができ

不安でいっぱいだった
わかなちゃんは
優しい森さんのおかげで
今日ね、○○ちゃんがね
安心して生活することができました
ブオォ…
お母さん!
そしてシンデレラは王子さまと
幸せに暮らしました
おしまい
さあ寝ようか〜
絵本のお母さんさ
森さんと全然違うね
シンデレラのお母さんも
白雪姫のお母さんも
お話に出てくる
二人目のお母さんは
怖い人ばかり
だけど・・・
森さんは困っている人を助けてくれる
優しいまほうつかいみたい
だもん!
里親さんが森さんでよかったな〜
おやすみ・・

わかなちゃん ありがとう
さみしいだろうに 毎日がんばってるわ もう少しでお母さんに 会えるから 一緒にがんばろうね
そして—
わかなちゃんは20日ぶりに お母さんに会うことができました
お母さん!!
わかな!!
わかなちゃん!
赤ちゃん 産まれたって!
そしてもちろん 楽しみに待っていた—
赤ちゃんは?
そこだよ
…
ほんとっ!?
赤ちゃん!

弟にも会うことができました
わかなちゃんはついにお姉ちゃんになったのです
かわいいい〜!!
すやぁ
わかなちゃん
森さんは
いつでもわかなちゃんの味方だよ
わかなちゃんついにお姉ちゃんだね
あと少しお泊まりしたらおうちに帰れるね
森さんはちょっとさびしいな〜
いつでもまた
喜んで協力するからね
うん… でも…
そしたら
森さんにはもう会えなくなっちゃうのかな
そっか…よかった
だってまた森さんに会えたら嬉しいし
それに…
そしたらお母さん
いつでもまた赤ちゃん産めるねっ
森さーん!
ズラリ
わーそれいいね

わかなちゃんのお話

短い期間だけ一緒に暮らす

短い間だけの里親さん

里親というと、小さいときから大きくなるまで、長い期間子どもを育てるものだ、と思っている方も多いかもしれません。

でも、出産で困っていたわかなちゃんのご家庭のように、短期間だけ里親家庭にお世話になることや、緊急時の一時的な保護（一時保護）が必要な場合、一～数週間だけ預かることもあります。

さらに近年では、数日間だけ子どもを預かってもらえるショートステイという制度に、里親を活用している自治体もあります。

ショートステイとは、入院や出産、冠婚葬祭や育児疲れなど、子どもを少しだけ預かってもらいたい……！　というときに使えるシステム。子どもを保護しなくてはならない、という特別な事情がなくても、家庭の状況に応じて利用できる制度なのです。

ショートステイに里親を活用しているかどうかは、自治体によって異なります。協力してくれる一般家庭から募る場合と、研修を受けて里親家庭として認定・登録された家庭にショートステイを担ってもらう場合があります。

もとの家に戻るときにも

里親家庭で養育していた子どもが、実の親（生物学的な血のつながりのある）のもとに戻ることになったときにも、お世話になっていた里親家庭にショートステイをお願いしながら、少しずつ時間をかけて戻っていく、というパターンもあります。

いくらもとの家族のところに戻るとはいえ、数ヶ月～一年という時間、離れて暮らしていたのです。「さぁ、今日から一緒に暮らそう」といっても、子どもも親もお互いに難しいと感じることも多く、急ぎすぎると親子の関係が不安定になってしまうこともあります。

そうならないよう、週に一～二日は里親家庭で過ごし、実の親が一息つく時間を取りながら、少しずつ子どもとの暮らしに慣れていってもらう、というゆとりが必要になります。

そのとき、前にも一緒に暮らしていた里親家庭でふたたび過ごせれば、子どもも緊張や負担を感じず、リフレッシュしたりショートステイを楽しんだりすることができるでしょう。

一学区に里親家庭ひとつ

そう考えると、できるだけ多くの場所に、たくさんの里親家庭があるといいですよね。一つの小学校の学区に里親家庭が一つはある、という状態を目指している自治体も多くあります。

里親家庭が必要になる状況は、多岐にわたるのです。預けられた子どもの負担をなるべく軽減できるよう、住んでいた地域とできるだけ近いところに里親家庭があったほうがよい場合もあります。子どもと親に物理的な距離が必要な場合には、遠くの里親家庭に委託するほうがよいかもしれません。

また、子どもの年齢や状況、それまで過ごしてきた家庭環境などから、どの里親家庭がぴったりなのか、配慮して選択する必要があります。つまり、多くの場所にたくさんの里親家庭があると、子どものための選択肢が広がり、子どもたちが安心して暮らせるようになります。

ところで、実の親と里親の関係の作り方は、自治体によってさまざまです。わかなちゃんのように、児童相談所を介して実際に顔を合わせることもあれば、顔を合わせないように配慮している自治体もあります。

それぞれの家庭によって事情はさまざまなので、一概にはいえませんが、実の親と里親が顔を合わせ、子どもの情報をシェアすることでお互いに安心感が生まれることもあります。

実の親も里親も同じ子どもと向き合うわけですから、子育ての相談をしたり、励まし合ったりすることもできるでしょう。そして実の家庭に戻ったときには、地域のなかで里親が見守ったり、親子に助け舟を出したりすることで、子どもはさらに安心して過ごせるかもしれません。子どもがのびのびと過ごせる、そんな地域を作っていけたらと願っています。

ひろとくん
のお話
でもひろとくんを
産んでくれたのは　ママではなくて
病院にいる
「お母さん」です
「お母さん」は病気で
入退院をくり返し
ひろとくんを産んですぐ
里親さんに　ひろとくんを
お願いすることになりました
ひろとくんは
パパ、ママと
三人で
暮らしている
いただきまーす
幼稚園の
年長さんです
ひろとくんと「お母さん」は
手紙のやりとりをしていて
ひろとくんは
「お母さんは
二人いる」
と思っています
ママは
おっとり
していて
優しくて
ひろとくんは
ママが大好き
「ひろとくんは
じが
とっても
きれいに
かけますね」
だって
にこにこしてる！
どーしたの！？
あ、みよちゃん
ふふ
へへ
きのうね、
お母さんから
おてがみが
きたんだ！
えーいいなー

…え? ひろとくんのお母さん
?
いっしょに住んでるのに手紙をくれるの?
ちがうよ 病院にいる「お母さん」だよ
あ…
ぽろ…
なんて言っていいかわからなくて
…?
えー? じゃあ いつもいる お母さんは?
ニセモノ?
ひろとくんは ほんもののお母さんと ニセモノのお母さんがいるの?
変なの~
ひろとくんは
どうしたの?
ゆあああ~..
泣いてしまいました
…ということがありまして.
そうでしたか…
「変なの」…?
「ニセモノ」…?
今日 幼稚園で 何かあった?
はい.

あのね…
みよちゃんが ママは「ニセモノ」だって
ひろとは変だって
ママ ひろとは変なの？
ふつうじゃないの？
じゅ…
ひろちゃん
ママがニセモノとか 変とか言われて 悲しくなっちゃったかな
おいで
うっ うっ
…ねえ
ひろちゃん
ふつうって なんだろうね？
…
たしかに 幼稚園の ほとんどのお友だちは
お母さん 一人しか いないかも しれないね
それが「ふつう」？
でも だからって ママが ニセモノって ことには ならないよ

ひろちゃんには産んでくれていま病院にいる「お母さん」と
ふだんひろちゃんと一緒に生活している「ママ」二人のお母さんがいるってことね
ひろとがんばれー!!
って応援してくれるお母さんが
二人もいるってこと!
二人もお母さんがいるなんて
とってもすてきじゃない?
応援してくれる
お母さんが二人…
…お母さんが二人いることがすてき?
変!
じゃなくて…
スペシャル…ってこと…?
そうそう!
悪くないかもしれない
と、ひろとくんは思いました
明日、みよちゃんともう一回話してみようかな

里親家庭で「ふつう」に暮らす

里親家庭で長い時間過ごす

「子どもが保護された」と聞くと、虐待を思い浮かべる方もいるでしょう。でも、子どもたちが社会的養護（公的に保護すること）を受ける理由は、虐待だけに限りません。

たとえば実の親の長期入院や、入退院を繰り返してしまう疾患の場合もあります。親の精神疾患や行方不明、両親の離婚、経済的な事情、子どもの障がいなど、本当にさまざまな理由があるのです。

わかなちゃんのように、短期の委託やショートステイなどで子どもを預かることもありますが、ひろとくんのように、長い間委託されることもあります。長期になると、数年から十数年。ほとんど我が子を育てるのと同じように、長い時間をともにすることになります。

短期委託やショートステイは、すぐに実の家庭に戻ることを想定していますが、長期委託では、子どもが長い時間をかけて成長していく過程を、里親家庭が見守っていきます。

子どもはその里親家庭から、保育園・幼稚園、小学校、中学校、高校へと通うのです。習いごとをしたり、地域や学校のクラブに参加したり、まわりに友だちを作ったりしながら、その地域で育ちます。

「ふつう」ってなんだろう

ひろとくんは幼いながらも、自分が「ふつう」ではないことに直面させられます。ひろとくんの里親は「ふつうって、なんだろうね」と問いかけていました。

実際、里親家庭で育つ子どもたちの多くは、「ふつうに暮らしたい」「特別だと思われたくない」と言います。

それは、里親家庭で過ごさなくてはならないのがつらいからではありません。まわりの人たちから「ふつうじゃない」と見られることがつらいのです。

自分では「ふつうの生活」をしているつもりなのに、まわりの人たちが「ふつうではない」＝

「おかしい」「変」と決めつけてしまう。そのことが、子どもたちに窮屈な生活を強いてしまうのです。

もちろん、まわりの人たちに悪気はないのかもしれません。でも人は、自分の常識の範囲ではないものを排除しがちですよね。ひろとくんのお友だちのように「悪気はなかったけれど、里親家庭の子どもが傷ついてしまった」ということは、よくあることなのです。

里親家庭の「ふつう」

里親家庭の子どもたちだって、他の家庭と同じように自分の好きなことをして過ごしているのです。宿題もします。ゲームもします。だらだら休んだり、元気いっぱい遊んだりします。里父《さとちち》や里母《さとはは》とおしゃべりしたり、一緒にご飯を食べたりします。怒ったり、怒られたり、褒められたり、感謝されたりします。里親だって子どもと遊んだり、自分の好きなことをしたりします。人によるとは思いますが、わたしは毎日不平や不満を言い、休日は子どもに起こされるまで寝ていたりします。

そんな「ふつう」の日常を送る里親家庭の子どもたちを、まわりの人たちも「ふつう」に受け止めてくれるといいなと思っています。

けんたくんとともきくんのお話
ともきくんは小学六年のサッカー少年
わー
わー
地域のサッカークラブに入っています
五才上の高二のお兄ちゃんけんたくんがいて
サッカークラブの先輩でもあります
ピタ
よっ
ポン
おー
すげー
お父さん、お母さんけんたくんが里親家庭として
ともきくんを迎えたのは
ともきくんが一才のときのこと
ボール？かしてやってもいーよ
あーい
けんた6才
ともき1才
それからずっと一緒に暮らしています
お前もっと肩の力抜いた方がいーよ
今日の練習ちょーきつかった〜
あちー

家族みんなサッカーが大好きで
小さい頃からよくみんなで
Jリーグの試合を見に行ったり
ワー
行けーっっ!!
ワー
ワー
日本代表の試合今週じゃん
夕方からだから
学校終わったらソッコー行くからな!
忘れて予定入れんなよ
推しチームの応援で盛りあがったり
あ〜 ダメかぁ〜…
なぜだあぁ‥
二人だけで試合を見に行くことも増えました
そうだった〜〜
うおー
声出なくなるまで応援するぞぉぉ
やっぱ忘れてた
大げさか
でも最近は
腹へったー 夕飯なにかなー
…あ
またカレーじゃない?
けんたくんはぶっきらぼうなところもあるけれど
ともきくんにとっては
すっごく頼りになるお兄ちゃんです
今日オレ昼もカレーパンだったし
つむわ‥

夜──
ただいまー
どうかした？
カレー
オレ晩飯 カレーでも 全然平気
いえ…
しくしく
そんで やっぱなんか あるっぽいな
わかりやすすぎ…
モジ…
モジ…
コロ…
あ！ 兄ちゃん
…ちょっとだけ パス練 付き合ってくんない？
…
えー風呂入っちゃった けど まいーよ
ハッ
!
さては この間言ってた 好きな子の 話か
絶対ないしょ だぞ！
…
…あ
あのさっ
…
こういうとき…
あいつ何か 話したいこと あること多いんだよな
付き合って やりますか
…
兄ちゃん
オレの… 本当のお母さんのこと …聞いてたりする？

えっ…
本当のお母さんって
病院の?
…
…なんかあった?
オレのお母さん病気でずっと入院してたんだけどさ
最近、よくなってきてるらしくて今度…会えるらしいんだ
…そっか、よかったな
ほっ
そうだ前に会えたのはたしか…
五才ぐらいのときだったっけ
本当のお母さんに会えるって
喜んで帰ってくると思っていたのにあいつはなぜか
?
ごはんだぞー
…
ずっと黙ってボールけってて
でも翌日にはいつも通りにこにこしてて
兄ちゃんサッカーしよ!
だからあんま気にしてなかったけど…
病気治って嬉しいはずなのに
あのときと同じ顔してる…
久々に会うから緊張してるのかな
いや、病気なんて治った方がいいに決まってるし
オレを産んでくれたお母さんなんだけどさ
もし…そうなったら
いまの暮らしどうなっちゃうのかなーって
お父さんもお母さんも
兄ちゃんも
オレ、大好きだからさ

そっか…
なんでいままで気が付かなかったんだろう
本当のお母さんがいるってそういうことなんだ…
ごめん オレ…
ちゃんと…
お前の気持ち考えてやれずに
ずっと一人で抱えさせて…
ずっと…一人で抱えてきたんだな
オレがふつうに暮らしている横で「もしかしたら」を…
先のことなんて分からないし
言葉にしなきゃいけなかったのに
お前にとって何がいちばんいいことなのかとかも分かんないけど…
オレは
いつかは自分だけが違う道を行くかもって思いながら
言葉にできずに明るくふるまって 笑ってたのか…
お前のこと
本当の弟だって思ってきたし
いまも思ってるし

ずっとお前と
一緒に
いられたらいい
…いてほしい
――それから一年後
ともきくんは　お母さんが元気になって
一緒に暮らすことになりました
よかったよな
本当のお母さんが
元気になったんだから
…でも
…って思ってる
けどな！
ダメだ
はずいわ〃
でもみんなも
そーだろ
分かってても
こんなにさみしい
もんなんだな
いや…
どこにいても
オレにとってあいつは　本当の弟で
…うん
兄ちゃん
…ありがとう
あいつにとっても
兄ちゃんは　オレしかいないだろ
もしもし…
…うん
次の土曜…空いてる
練習かー
いーよ付き合ってやっても

実子ときょうだいのように暮らす

子ども（実子）がいる家庭で里親になる

ともきくんが委託された家には、実子であるけんたくんがいました。けんたくんと両親の三人暮らしにともきくんを迎え、新たに四人家族として歩みだした、というわけです。

里親は、里父・里母と生物学的なつながりを持つ子ども（実子）がいても、登録することができます。

里親は、里親登録をする前に、「里親になりたい」と、実子にていねいに説明することになります。両親が里親になれば実子にとっても家族が増えることになり、家族のあり方にも深く関わってくるからです。

みんなが里親について知っていたら

実子は、家が里親家庭になったことで悩みを抱える場合もあります。たとえば「何人家族？」と何気なく聞かれただけでも、「血はつながっていないけど、家にいる○○ちゃんは家族かな？」「実家庭に戻った△△くんのことも家族に入れていいのかな」……。なんて数えていくと、ずいぶん大家族になってしまいますよね。でもだれかを数えないのは、申し訳ない気持ちになるかもしれません。

わたしの実家でも子どもたちを受け入れていましたが、わたし自身も家族の人数についていつもどう答えたらいいか悩んでいました。適当に答えておけばいい、と思われるかもしれませんが、自分の家族について嘘を言うのは、妙な後ろめたさを感じてしまうのです。

また、委託された子どもとの関係で悩みを抱えたとき、親以外に相談できる人がいないことも大きな問題です（もちろんそうした悩みをほとんど感じない子どももいます）。

では、もし近所の人や学校の先生、あるいは友だちが、里親制度を知っていたら……？　実子は、親に言いにくいことでも、まわりの人に気軽に相談ができるようになるでしょう。里親も、子どもたちに気を配るよう、周囲に頼むことができます。

日本ではほとんどの人が里親について詳しく

知らないので、相談したいと思っても、まず里親制度のことから説明しなくてはならなくなってしまうのです。実際に、里親家庭の実子は「『里親ってなに？』って聞かれたら、もうそれだけで自分の悩みを話すのは無理だなって思っちゃう。制度の話からはじめたら、相手が驚いたり質問してきたりするだろうし、自分の悩みを相談するところまでたどり着けない」と言っていました。

実子もまだ子どもですから、うまく説明できないこともあります。だからこそたくさんの人に知ってもらい、里親家庭が悩みを抱えたときにも、周囲からのサポートが得られるような環境を作り、みんなで子育てできたら、と感じるのです。

いつかのお別れのとき

里親家庭は、あくまでも「一時的な養育」をする家庭です。実の親の状況に変化があれば、子どもは実家庭に戻っていきます。子どもが実家庭に戻っていけるようサポートをするのも、里親の大切な役割の一つなのです。

毎日一緒にいた子どもが、実家庭に戻ることでいなくなる。本来喜ばしいことですが、自分の子どもと同じように日々育ててきた里親にとっては、大きな喪失感にもなるでしょう。もちろん実子にとってもさみしい経験になるかもしれません。

そんなときには、みんなで一緒に過ごした日々を家族で振り返り、実子が抱えたさみしさを受け止めなくてはなりません。

とはいえ、委託された子どもにとっても、実子にとっても、子ども同士の関係をつむぎ合いながら一緒に暮らすことのなかに、いいこともたくさんあります。けんたくんとともきくんのように、分かり合ったり悩みを打ち明け合ったりすることもできます。子どもだからこそ共有できる思いもあるでしょう。それぞれの人生のひとときをともに過ごすことでお互いに成長し、かけがえのないものを手に入れることもできるのです。

みゆきちゃんのお話
もうたくさん！
こんな家出ていく‼
待ちなさい！
みゆき！
――三月のある日、
みゆきちゃんは家を飛びだしました
みゆきちゃんは高校一年生
陸上部でハードル走をしています
明るくて
友達も多く
成績もよい方です
家族はお父さん、お母さんの三人で
経済的にも余裕があり
何不自由なく
暮らしている
そんな風に
見えました
でも――
はぁ・・
帰りたくない…
会いたくない…
ガチャ
ただいま・・

…声が小さい！
やりなおし！
すみません…
いた…
聞こえない！
もっとしっかりしゃべれ！
みゆきちゃんのお父さんはとても厳しく、しつけという体で暴力をふるいます
みゆきちゃんが思春期を迎えてからは、さらにエスカレートしているようでした
お前の学費だってだれが出してると思ってるんだ！
家族だからって甘えていいなんて勘違いするな
言うこと聞けないなら出ていけ！
何よ…
ぐっ
…どっちよ 勘違いしてるのは
何⁉
家族だからって
相手が黙ってれば何してもいいなんて
勘違いしてるのはどっちよ⁉
出て行く！
そうでしたか…
よく来てくれましたね
そしてみゆきちゃんは以前見た貼り紙を頼りに児童相談所に来たのです
いまの状況のなかでみゆきさんにとっていちばんいい道を
一緒に探しましょう
児童相談所の人といろいろ話し合ってみゆきちゃんは

里親さんのおうちに行くことに決めました
みゆきちゃん はじめまして 幸田です
学校にも通える距離で、高校生の受け入れもよくしているという家庭で
幸田さんのおうちの里母さんはお料理が得意でごはんもお弁当もとてもおいしくて
手紙もつけてくれる
里父さんは温厚で趣味はバイオリン
…
…突然すみません お世話になります
ペコ…
できるだけご迷惑をおかけしないように…
だだだ…
息子さん夫婦が近所に住んでいてよく顔を出し
この文にこれを代入して…
あ、そっか!
勉強を教えてくれたり
子どもたちは人なつっこく
ただいい…
ま…
みゆきちゃーん!! あそぼー!
みゆきちゃんは大人気
とてもにぎやかであたたかそうな雰囲気でした
孫があそびに来てて… うるさくてごめんなさい
こらこら
お姉ちゃんかわいいねっ
誰ー?
みゆきです…
みんな優しくて明るくて
おやすみ
にぎやかなのも新鮮で
みゆきちゃんはおだやかな日々を送っていました
みゆきちゃーん おやすみ
また明日ー!

明日でこの家に来て一ヶ月か…
わたしみたいなヨソモノが来てるのにみんな嫌な顔ひとつしないで…いい人たちだな
そして三ヶ月が経った頃――
みゆきちゃん大丈夫!?
ガチャ
だけどわたしがいなければもっと自由に
家族水入らずの時間を過ごせたんだろうな
お父さん…
チラ
…ごめんなさい
せめて迷惑だけはかけないようにしなきゃ
みゆきちゃんはハードル走の練習中に右足を骨折してしまいました
無理せずゆっくりね…
先生が里親さんに電話をし一時間かけて里父さんが迎えに来てくれました

一人で帰れるって言ったのに…
何バカなこと言ってんの！
治るものも治らなくなるわよ!!
病院の先生
こんなときあの人（実父）なら…
お腹すいたでしょう
何か食べよう
何!?
忙しい時に面倒くさいこと起こすな！
治療費いくらかかると思ってるんだ！
治るまで学校休め！
って言うんだろうな…
みゆきちゃん
ビクッ
このスパゲティ…で良いんだっけ？
うん…
…とコーヒーもください
お父さん　わたし自分で学校行くしムリなら治るまで休むね
だから送迎とか心配ないし
…でしょ
治療費はバイトして
…え？
痛みはどう？
痛みは…大丈夫
動かさなければ
これから大変だね…

うん…
みゆきちゃん
学校にはぼくが
送り迎えするし
お金の心配も
いらないからね
必要なことが
あれば何でも
言ってね
困ったときは
遠慮なく頼っていいんだよ
家族なんだし
お父さん…
ありがとう
なんか…
してもらうばっかりで
何もできなくて
ごめんなさい
大変にさせちゃって
…
当たり前のように
サラリと言った口調から
里父さんが本当にそう
思っていることが伝わってきて
何言ってるの
いちばん大変なのは
みゆきちゃんでしょ
みゆきちゃんは
骨折したのに
とても
嬉しかった
のでした
さ、
食べて
食べて！
冷めちゃうよ
うん！
ガツガツ
腹ペコだった
ぐぅぅぅ…

みゆきちゃんのお話

思春期の子どもを預かるということ

中高生専門の里親も

小学校高学年以上になると、みゆきちゃんのように自ら児童相談所に避難し、助けを求めてくる子どももいます。多くの場合、学校で配布されている児童相談所の案内や、インターネットの情報から、自分で電話したり直接児童相談所をたずねたりするのです。

主な理由は、虐待です。子どもの生命を脅かす懸念や、子どもを家に帰すのが難しい状況のときには、そのまま一時保護となります。高校生でも、日本の児童福祉法では18歳未満が児童とされ、保護の対象となるのです。

つまり里親家庭には、みゆきちゃんのような中学生や高校生の子どもが預けられることもあります。「幼い子どもを育てるのには体力がいるから」「中高生と関わる仕事をしてきた」などの理由から、中高生を専門に預かっている里親家庭もあるのです。

中高生の女の子を預かるとき、里父は？

中高生の女の子を預かる……もしも自分が里親だったら、みなさんはどう感じるでしょうか。「思春期ど真ん中で、どう関わっていいかわからない！」「反抗されたら怖いな」と思うかもしれません。小さい頃から関わってきていても、娘から「うざい」「キモい」と嫌がられる、何を言っても無視される……なんていうのも、よく聞く話ですよね。

ただでさえ大変な思春期です。この時期の女の子が突然我が家にやってきたら、里父はどう関わったらよいのでしょうか。

思春期の女の子を委託されたことがある里父さんに聞いてみると、里親研修で学んで、実践してきたことは、「なるべく怒らない」「一日に一回はいいところを見つけて、具体的に褒める」「子どもも自分も毎日楽しく過ごせるよう心がける」ということだそう。お世辞ではない正直な褒め言葉は、思春期でも心に響くものです。

また、「距離感を大切にしている」という里父さんもいました。「なるべく普段は叱らず、楽しい話をする」「真剣に叱らなくてはいけないときにだけしっかり叱る」など、子どもとの良い関係づくりを重視し、どうしても必要なときにだけ真剣に伝える、とのことです。この方は、実の子どもの子育てから学んだと教えてくれました。

正解はありませんが、「褒めること」「楽しく生活すること」「距離感」といったことが大切なようです。もしかしたら、実子と暮らすご家庭でも有効かもしれませんね。

委託された中高生女子の気持ち

それでは、当の中学生・高校生の女の子はどうでしょうか？　何人かの子どもに聞いてみたところ、「(里父のことを) キモイと思ったことはない。それどころじゃないんだよね。こっちは委託されてきて必死なわけ。何とかこの家になじもうと精いっぱいやってる」との答え。なるほど、と思いました。

他にも、「里父も里母もどちらもよく話を聞いてくれてすごく付き合いやすい」「里父どうこうより、自分のことをどう思われているのかの方が気になる」という回答がありました。

すべての子どもたちが同じように感じるわけではありませんが、子どもは里親家庭になじみたいと思っていて、自分が里親をどう思っているかよりも自分が里親からどう思われているか、という方が気になるようです。

また、幼少期から培《つちか》われた関係ではないぶん、ほどよい距離感で付き合うこともできるようでした。当事者でない人は、勝手に思い描いて心配しすぎてしまうのかもしれませんね。「思春期の」というラベルに惑わされるのではなく、自分とその人という、いまそこにある関係を大切にすることがいちばんなようです。

ゆいちゃんのお話
お母さん
いってきます!
ゆいちゃんは小学二年生
行ってくるね
きなこ
お父さんとお母さんときなこと一緒に
ハッ ハッ
一年前から暮らしている女の子です
・・・
ゆいちゃん…
パタン
また安心して学校に行けるようになって
よかったよね ねきなこ
ゆいちゃんは——
本当の母親から暴力を受けていました
保護されたとき全身にアザがあり
ガリガリにやせていて一年生だったのに学校にも行っていませんでした
ゆいちゃんの両親はゆいちゃんが五才のときに離婚
母親はゆいちゃんを保育園に預け
仕事を増やし 必死にがんばっていましたが

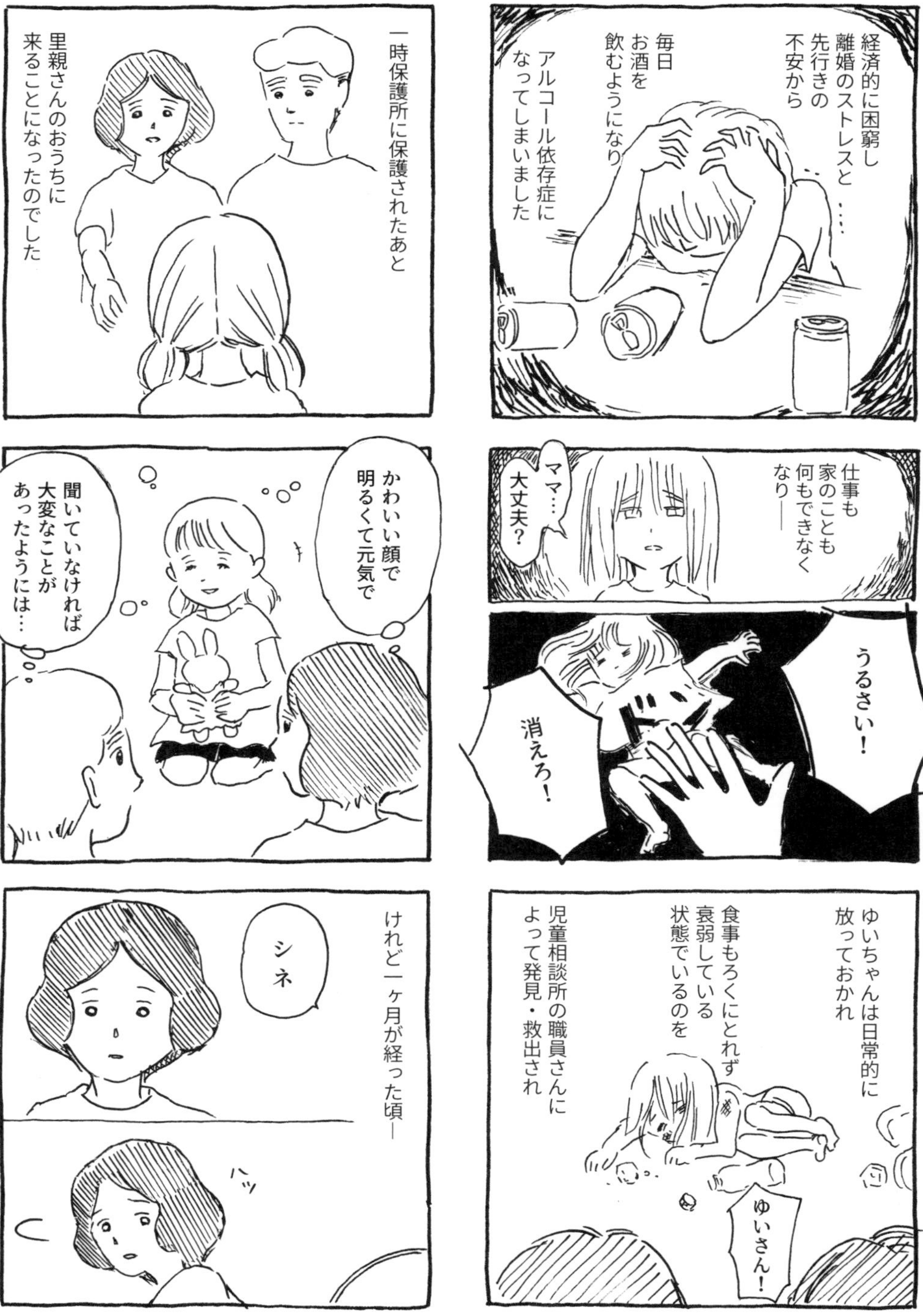

経済的に困窮し
離婚のストレスと
先行きの
不安から
毎日
お酒を
飲むようになり
アルコール依存症に
なってしまいました
……
仕事も
家のことも
何もできなく
なり――
ママ…
大丈夫?
うるさい!
消えろ!
ゆいちゃんは日常的に
放っておかれ
食事もろくにとれず
衰弱している
状態でいるのを
児童相談所の職員さんに
よって発見・救出され
ゆいさん!
一時保護所に保護されたあと
里親さんのおうちに
来ることになったのでした
かわいい顔で
明るくて元気で
聞いていなければ
大変なことが
あったようには…
けれど一ヶ月が経った頃―
シネ
ハッ

オマエ
キエロ
キャー
タスケテー
シネッ
キャン
キャン
わ…
わたし…
言葉が…
コ…
コッチクンナ
キエロ!
コロシテヤル!
怒られる…
キャン
キャン
…
ウルサイ!!
ドン
キエロ!!
ゆいちゃんは明らかに混乱していて
ゆいちゃん…
ごめんなさい…
ごめんなさい…
里親さんは そんなゆいちゃんに どう接してよいか 分かりませんでした
ゆい…ちゃん…
はっ
翌日、学校にはいつも通り行きましたが——
コロシテヤル
どうして
お母さんに
あんなこと
言っちゃったんだろ…
授業
はじめるぞー

今日は夏休みにやったアサガオの観察の発表
最初にやりたい人!
はい!
あぁ…
まただ…
はい!
はい!
はい!
ゆいちゃんは一学期学校に行けなかったため
学校生活で分からないことが多く
座っているだけの日々が続いていたのです
また…
この感じ…
ゆいちゃん
大丈夫?
よければ私の一緒に見ない?
…サイ
え?
ウルサイ
シネ
コッチミンナ!
ガターン
ゆいさん!
どうしたの!?
はっ

どんなことがあっても
わたし…
人に手を出したらダメでしょう!?
わああ…ぁ
大丈夫!?
だれか助けて!
助けて!
お母さん
ゆいちゃん
ゆいさん!
…怖い
ダッ
…迎えに来たよ
帰ろう
自分のなかに
もう一人の自分がいるみたい…
おか…
コッチクンナ
ちがう…
ギクッ

言っちゃダメ…!!
ゆいさんがいまいちばん必要としているのは自分を受けとめてくれる場所
安心して帰ることができる場所…
つまり里親さんのご家庭です
そうか学校でも…
すごく苦しそうで
なのにわたしなんの助けにもなれなくて…
ぼくたちだけで抱えないで
苦しい時期だと思いますがそばにいてあげてください
ゆいちゃんが安心して自分を出せるように…
できることは全部やろう
里親さんはクラスのお友だちと家族に謝罪と説明に行き
児童相談所に聞いてみよう
きっとゆいさんは新しいおうちに慣れてきて
無意識に心のなかに閉じこめていた記憶や感情を
出せるようになってきたんだと思います
学校や児童相談所に頼んで話し合いの場を設け
集まっていただきありがとうございます
ゆいのために…
みなさんの力を貸してください
安心して学校に行けるよう 支援を呼びかけました

いって…きます
ゆいちゃん
…うん
そして ゆいちゃんは——
いってらっしゃい
みんなに見守られながら
大丈夫？
今日は どんな一日だった？
今日は…
少しずつ安定していき
お話 聞かせてね
カウンセラーの先生
今日も ここで
ゆいちゃんを 待ってるからね
数ヶ月後には 笑顔も増え
すっかり 回復したように 見えました

そして一年が経った頃—
ジャー
怖かったし…
痛かったし…
…悲しかった…
死ね
って言われたとき…
ママが大好きだったのに…
怖かったんだ…
閉じ込められていた思いは　やっと
怖かったよね…
痛かったよね…
大好きなのに…悲しかったよね…
言葉にできる場所にたどり着くことができました

子どもが安心できる地域づくり

孤立が虐待を生むことも

里親に委託されている子どものうち、みゆきちゃん、ゆいちゃんのように、虐待を理由に委託されている子どもは、※約40%にのぼります。

ただしこれは、里親に委託される際に分かった主な理由であり、その後里親家庭で生活するなかで、子どものようすや子どもの話から「実は虐待されていた」と分かることも少なくありません。子どもが保護されるまでに実家庭でさまざまなできごとがあり、その積み重ねの結果として保護されることがほとんどだからです。

ゆいちゃんたちが直面した経済的な困難の場合、社会的な解決ができることもありますが、ゆいちゃんのお母さんは解決が図れずに孤立してしまいます。社会のなかで起こる、だれもが抱えうる困難な状況に、多くの人の関心は希薄です。このような家族がだれからも助けられることなく孤立することで、子どもへの虐待が発生すると考えられるのです。

そうであるならば、わたしたちの社会が抱える闇の部分がたった一人の子どもに降りかかっている、と考えることもできるのではないでしょうか。

心の傷を負った子どもと過ごすためには

ゆいちゃんのように暴力や暴言を再現する子どもには、暴力や暴言を受けたときの感情を問いかけます。子どもは虐待を受けたときの感情をうまく表現できないことも多いのです。「悔しかったんだね」「悲しかったんだね」などその感情に名前をつけ、共感するうちに自然と落ち着いてくることもあります。

ただ、子どもの状況によっては、その話をすることさえも難しい場合もあるのです。子どもがあまり覚えていなかったり、うまく説明できなかったりすることもあるでしょう。そんなときはまず子どもが安心して何でも言える環境を整えることが必要なのです。

ゆいちゃんのことも、ただ叱るだけでは解決になりません。児童相談所がアドバイスしたように、自分が過ごしてきた環境を再現していることもあるとまわりが理解し、許容できることはできる限り許容して見守っていくことが大切です。

子どもが「ここなら大丈夫」と安心して、自分の気持ちを出していけるような環境を作っていかなければなりません。そして、それは里親家庭だけでがんばろうとしても、なかなかできることではありません。まわりの人と一緒に、子どもの表現を受け止めながら何とかやっていくことで、少しずつ子どもがおだやかになり、本来の自分を取り戻していくことができるようになります。

子どもを見守る地域作り

ゆいちゃんの里親家庭と児童相談所、学校が連携して対応したように、里親家庭だけですべてを抱え込まずに、専門機関や児童相談所、里親を支援する機関に頼りながら、子どもを育てていく必要があります。しかし、日本ではまだそうした専門機関が乏しいことも事実です。

専門機関だけでなく、近所の人や子ども会、自治会など、地域にいる人たちの理解と協力が大きな力になります。「乱暴な子ども」「学力の低い子ども」とレッテルを貼るのではなく、その背景に思いをはせ、地域みんなで子育てを見守り、声かけするなどの協力をしてもらえると、里親家庭もゆったりとした子育てができます。そして肝心の子ども自身も、ゆっくりと心を癒していく時間を過ごすことができるでしょう。

※こども家庭庁支援局家庭福祉課・こども家庭庁支援局障害児支援課（２０２３）「児童養護施設入所児童等調査結果の概要（令和5年2月1日現在）」の「養護問題発生理由別児童数（里親委託児）」より、筆者算出。一般に虐待とされる父母による「放任・怠惰」「虐待酷使」「棄児」「養育拒否」を「父母による虐待・ネグレクト」としてまとめたときに43・3%になる。

あやちゃん
のお話
あやちゃん
あやちゃんは中学三年生四人姉弟の長女です
あ、桜が
ほころんできてる
まだ寒いけど…もう春なんだね
でもいまは
お母さんとも弟たちとも離れて暮らしています
長谷川さんやみんなのおかげです…
もしあのままだったらわたし…
いよいよ高校生だね
おめでとうよくがんばったね
きっと…
高校には行ってないと思うから…
数ヶ月前——
あっあやだ!
あやーっっ!!

あおい！
とあおいのお母さん
こんにちは
あやちゃん久しぶり
お買い物にお迎え…
偉いわね…
いつものことで…
あやは進路説明会出なかったの？
六年生のときにあやちゃんの両親が離婚し
あやちゃんは働くお母さんを助けて
毎日家事や弟たちのお世話で忙しくなり
学校以外で会う時間がほとんどなくなり
部活
帰宅
うちは別にいいってお母さんが
仕事だし
そっか…
忙しいもんね…
そうだ
この間話した映画だけど…
どうかな？行けそう？
あ、ごめんまだお母さんに聞けてなくて
夜勤続いてて…
毎年一緒に祝っていた誕生日さえ
予定が合わなくなってしまいました
あおい…声かけてくれて嬉しい
…なのにいつもごめん…
今日、聞いてみる
お姉ちゃんいこー
でも今年こそ一緒に祝いたい
…誕生日
二人は小学生からの友だちで
ねーねーあたしたち
誕生日一日ちがいだねっ
小1
せーの
はいっ
ずっといちばんの仲良しでした
かわいー
ありがと～
小3
――でも
全然…
わたしがあやと遊びたいだけだから
あやちゃん…あんな忙しくて
進路とか大丈夫なの？
うん…

えっ？
映画⁉
誕生日なんて家で祝えばいいじゃない
出かけないでよ
よかった‼
あや！
二人は数年ぶりに一緒に遊べることになりました
毎日毎日仕事でクタクタで
やっと取れた休みなのに
無理よわたし一人で家のことまで全部やるの
…お願い…！
プレゼントもいいんだけどさ
うちら中三だし
何か思い出に残ることしたかったんだよね
忙しいのにありがと
ううんこっちがありがとだよ
今年だけは…あおいと一緒に祝いたいの
家のことは帰ってから私が全部やるから
お願い！
そして—
…
ずっと待っててくれて友だちでいてくれて…
今日…来れて本当によかった
ブー
ブー
お母さんからだ
はい
もしもしあや？映画まだよね？
？うん
よかった

急に仕事入っちゃったの
みっくんお熱で
預けられないから
いますぐ帰ってきて
えっ？
でも
今日は…
じゃ.
急いでね
お母さん！
ガチャ
ふー…
おかえり…
なんだ…
まだ
起きてたの
……
何かあったの？
あや…
わたしとあおいの…
誕生日…
…お母さん…
お母さんは
わたしのこと…どう思ってる？
…本当に
ごめん…
やっと…
祝えると
思ったのに…
帰らなきゃ…
いけなくなっちゃった…
もう…
…なによ
ちょっと映画
観れなくなったくらいで
じめじめするの
やめてよ
余計に
疲れる…
わたしずっと…

誕生日って…
嬉しい日だと思ってた…
だけど…
すごく悲しくて…
苦しい日になっちゃった…
仕方ないでしょ
…仕事なの!
分かってる
お母さんが
忙しいことも
それが
わたしたちの
ためって
ことも
分かってるん
だけど…
…ごめん
え?
ちょっと…
あや!!
張りつめていた糸が
切れてしまったかのように
涙が止まらなくて
気が付くと
あやちゃんは
あおいちゃんの家を
訪ねていました
あやちゃん!?
あや…
あやちゃん
落ち着いたら
おうちに
連絡してね
今日は
泊まっていいから
はい…
あおい…
本当にごめん
約束…したのに
や…
怒ってなんかないよ
あやのせいじゃ
ないし…
でも
連絡入れてよ〜
びっくりした〜
ごめん…
何も考えずに
飛び出して
きちゃって…
夜中に
家を飛び出す
なんて…
思春期なら
ある話かも
しれないけど…

真面目なあやちゃんの性格からして相当追いつめられてるんじゃ…
あや…今年も遊べないって…
いつものことで…
進路…大丈夫なの？
…おせっかいかもしれないけどそれでもいい
あやちゃん
だれにも見えないところでずっとがんばってきたんですね
お母さんはあやさんがいてくれることでどれほど心強かったでしょうね…
明日おうちに帰る前に…
一つだけお願い聞いてもらえないかな
そして翌日あやちゃんは
あやさんにとっていまの生活は「当たり前」かもしれません
でもいま後まわしになっている大切なお友だちとの時間 勉強したり将来を考えたりするための時間を作るために
わたしたちにお手伝いさせてもらえませんか？
あおいちゃんのお母さんの提案で児童相談所に行きました
ここならあやちゃんのこともおうちのことも両方助けてくれるはず…
あやさん、お話を聞かせてくださってありがとうございます
お母さんにも必要なサポートをするために児童相談所の職員さんが連絡をとってくれることになり
あやちゃんはしばらくの間——

里親さんのおうちで生活することになりました
長谷川です よろしくね
どうぞ〜
新しい子だ〜
おじゃまします…
ここにいる子どもたちはそれぞれいろんな理由でここに来て
家族として一緒に生活してるんだ
まさかこんなことになるとは思ってなかったけど…
いっぱい子どもがいる…
あやちゃんもきっといろんなことがあって
いろんな思いがあると思うけど…
少しでもここで自分らしく過ごせるといいな
わたしを大切に思ってくれる人たちが
わたしをここにつなげてくれたんだから
きっとすごく意味のあることなんだ…
待ってるよ
あや！
おせっかいかもしれないけど…
お手伝いを…
あやちゃん
…はい
がんばって…みよう
よろしく…お願いします

あのときは正直
大ごとになってしまったって思ってました
家族のことも気になって…落ち着かなくて
でも長谷川さんのおうちで過ごしていくうちに
誰かが作ってくれたご飯…
あれ?
ポロ
そんなに気に入ってもらえた!?
家事は後でいいからいいから!
先に宿題やって
でも…
…?
フリーズ
やばい全然分からない…
高2
えっ?
受験生だよね?
…死ぬ気でやろ。
ありがとうございます…
ドサッ
えー
受かった…!!
同じ高校…
あや…本当に…
よかったね…
間に合った…
やっと分かったんです
自分が失っていたかもしれないものが
どんなものか…
…お母さんも弟くんたちも
元気にしているみたいだよ
高校に入学する前に
顔見せに行けたら…いいな…

あやちゃんのお話

子どもらしく暮らせる場所とは

「手伝い」ではすまない日常

あやちゃんは、ヤングケアラーです。ヤングケアラーとは、家事や家族の介護などのお世話などを、日常的に担っている子どものこと。本来であれば大人が行うような、生活を支える大きな仕事を背負ってしまっています。

あやちゃんのように、幼いきょうだいの世話、買い物や料理、掃除、洗濯など、ほとんどの家事をしなければならない子どももいます。

他にも、家計のためにアルバイトをしたり、アルコールやギャンブルなどの依存症や病気などを抱える家族の看病をする子どももいます。

自分では気付けなかった負担

家族の手伝いや手助けをするのは、当たり前かもしれません。でもそれが日常的で、かなりの負担が強いられる場合には、少し考える必要があります。ヤングケアラーといわれる子どもたちは、家事や世話を行う時間に追われ、労力と精神力を相当につぎ込んでいます。家事や介護のために学校に遅刻をしたり、疲れて授業中に寝てしまったりするのです。また、疲労やストレスで体に不調をきたすこともあります。

友人関係にも支障が出るでしょう。友だちと自由に遊ぶ約束ができず、約束をキャンセルしなくてはいけないこともあります。自分の環境が友だちと違うと感じ、家族のことで悩んだり、学校の勉強がままならなかったりして気持ちが沈み、心にも不調を感じることがあります。家族の助けになるから仕方ない、と思っていても、自分では気付かないうちに負担を感じている子どもも多いのです。

どうしたら実家庭で過ごせるか

あやちゃんは、楽しみにしていた友だちとの約束を、お母さんの仕事の都合で急にキャンセルする羽目になりました。それをきっかけに、里親さんの家庭に委託されることになったのです。自分ではため込んでいたつもりがなくても、それまでの思いが一気に爆発してしまったことで、問題が浮きぼりになりました。

家に戻りたいという思いもあったと思いますが、ただもとの状態に戻るだけでは何も解決しません。あやちゃんとお母さんが話し合いを重ね、一緒に暮らしても同じことにならないようしっかり対策をとれれば、実家庭に戻る選択もできます。

あやちゃんの家族のような場合、あやちゃんとお母さんの間に児童相談所が介入して、話し合いを進めます。多くの場合、児童相談所がお母さんとよく話し合い、これまでの生活で何が問題だったのか、子どもの暮らしを尊重して保障するために、今後の生活ではどのようなことに留意する必要があるのかを、文字で可視化しながら、話し合っていきます。

加えて、ペアレントトレーニングを受けるなど、児童相談所が用意するプログラムに参加してもらうこともあります。児童相談所は子どもだけにアプローチするのではなく、家族へのアプローチも通して、子どもと家族の関係性の再構築に取り組んでくれます。

大変なときは声をあげる

子育てが大変なときには、「わたし、いまとても大変なんです!」と、声をあげられるような社会になっていくといいですよね。

子育ては尊い営みですが、本当にとてもとても大変です。だれかに助けてもらわなくては乗り越えられない……という難題に直面することが、だれにだってあるのです。それなのに、まわりに知り合いがいなくて、気軽に「子育てが大変なの」と伝えることができない場合もあります。

また、そんなときに「子育てが大変なんておかしい」「大変だけどみんな乗り越えているんだから」と言われたのでは、大変な人をただ追い詰めていくことにしかなりません。

大変なときに「大変」と言える環境を作り、そしてそれをみんなで受け止め、みんなで子育てをしていく。そんな環境を地域のなかで整えていくことができれば、親子が引き離されることはいまより少なくなり、地域で安心して暮らし続けられる親子が増えるようになると思っています。

れいかちゃん
と
えみちゃん
のお話
れいかちゃんは二才のお誕生日に
乳児院からこの里親家庭に来ました
れいかちゃん
10才のお誕生日
おめでとう～!!
でもその頃のことは
あまり覚えていなくて
キャッ キャッ
めちゃくちゃかわいくて
めちゃくちゃ大声で泣く子だったよ
ギャアアア
ふうん…
はじめからずっといる感覚です
10才…てことは
½成人式ってやつかぁ～
早いな～
れいかがうちに来て八年かぁ～
10代になったんだ
2ケタの仲間入り…
なにか新しいことがはじまりそう…

「新しいこと」は
わりとすぐにやってきました
えみです
二年生です
よろしくお願いします
れいかです
よろしく…
かわいいねっ
れいかちゃんも　お父さんお母さんも
妹を迎えたいとずっと待っていました
えみちゃん
今日からここがおうちだよ
なかよくしよーね！
そしてついに
えみちゃんが来てくれたのです
もっと先になるかと思ってたのに…
えみちゃんここ座ってね
チョコとか好き？
うん
神さまからの誕プレかも…
れいかちゃんは「妹」が困らないように
いろいろと気を配り
シャンプーはこっちね
うん分かった
学校にも毎日一緒に
行ったり
この信号渡ったら左だよ
覚えた？
うん
アクセサリー作りとか好き？
やったことない
楽しく過ごせるよう
一生懸命サポートしました

けれど一週間が経った頃――
にやにや
…
…
行こ…
気にしなくていーからね。おこさまなんだから
な！ やっぱり顔全然似てないなのに家同じなんだって！
ははっ
…
え？お前一人っ子だよね？だれそれ？
あやし〜っ
えみちゃん？
あやしくなんかない……っっっ
妹だよ！
ふいっ
あんたたちが知らないだけ！
わらうな〜!!!
ドンッ
わぁぁぁぁ…

このときから…
いってー
なんだあいつ
あ、え？えみちゃん？
待って
うえええ〜ん
毎日
えみちゃんだ…
チラ
ざわ
ボク教科書出してって言っただけです
わあ〜ん
ざわ
えみちゃんは突然泣き叫ぶことが増え
えみちゃん
わあぁぁ…
家でも
毎日泣いていて
どしたのあれ
また泣いてる
そして怒ってる
さぼってない〜〜！
わあああああ…
お前そうじ当番だぞっ
さぼるなよ！！
↑知らずに帰ろうとしたらしい…
学校でも
2-1
わあぁぁぁ…
教室移動中
お前の「妹」
にや
めっちゃやばくね？
かいじゅうレベル
はっ

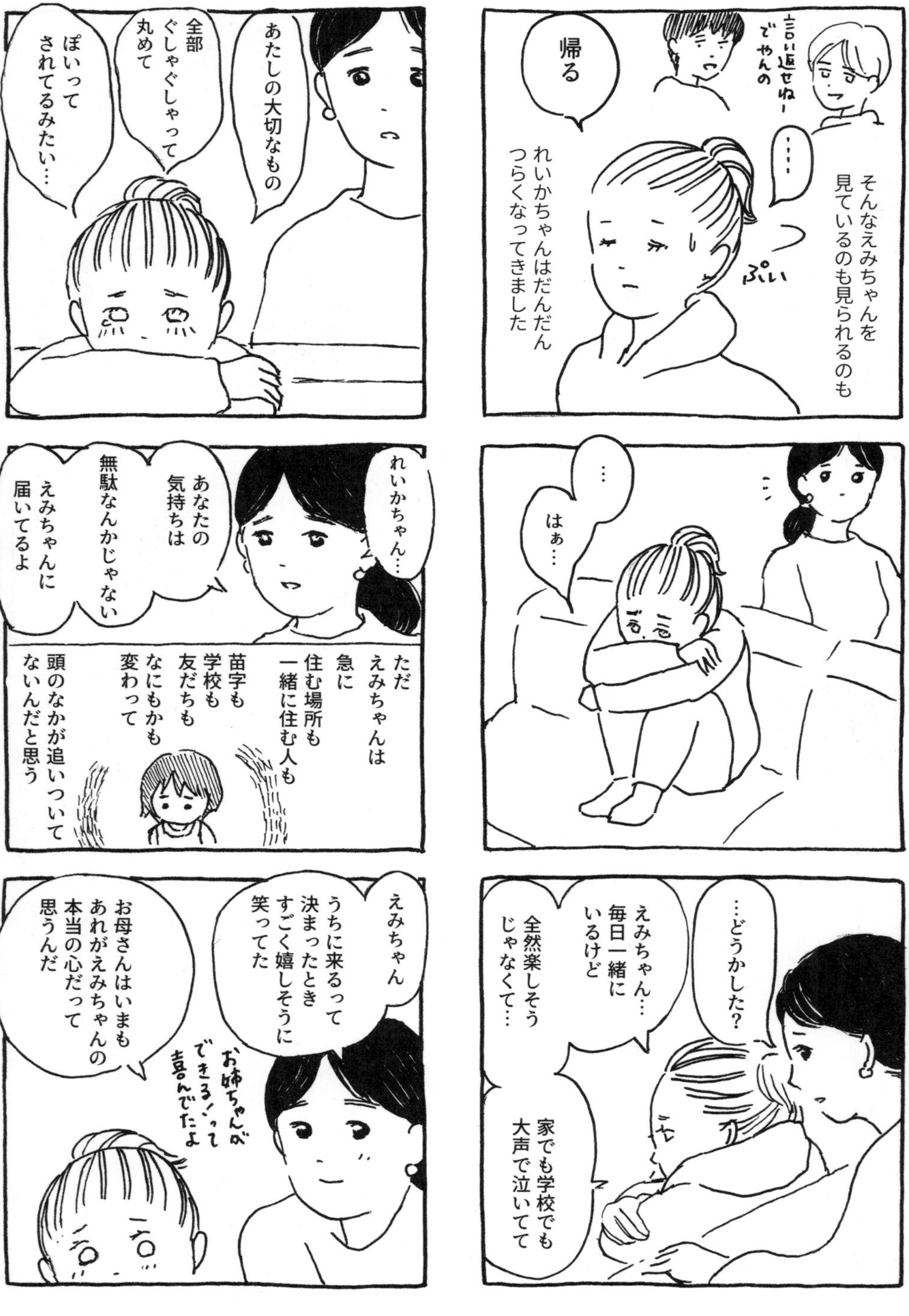

言い返せねーでやんの
そんなえみちゃんを
見ているのも見られるのも
……
ぷいっ
帰る
れいかちゃんはだんだん
つらくなってきました
あたしの大切なもの
全部
ぐしゃぐしゃって
丸めて
ぽいって
されてるみたい…
…
はぁ…
れいかちゃん…
あなたの
気持ちは
無駄なんかじゃない
えみちゃんに
届いてるよ
ただ
えみちゃんは
急に
住む場所も
一緒に住む人も
苗字も
学校も
友だちも
なにもかも
変わって
頭のなかが追いついて
ないんだと思う
…どうかした?
えみちゃん…
毎日一緒に
いるけど
全然楽しそう
じゃなくて…
家でも学校でも
大声で泣いてて
えみちゃん
うちに来るって
決まったとき
すごく嬉しそうに
笑ってた
お姉ちゃんができる!って喜んでたよ
お母さんはいまも
あれがえみちゃんの
本当の心だって
思うんだ

それからも毎日
えみちゃんは何かしらで
泣いたり怒ったり
していましたが
もうちょっとだけ
見守ってあげて
くれないかな
またやってるー
変わってるように
見えないけど…
あたしがこれに
見慣れてきたな
えみちゃんの列はこっち!
怒られた〜 わ〜〜ん
…
は…
笑った
あははは っ
何 いまの 天キ!!
二週間が経った頃——
ポーン
それーっっ
ドッジボール
…ぷ…
あはは…っ
泣くぞ…
…いっ…
泣くぞ…
泣くぞ…
ヒュ
たっ!?
バイン
二人とも また嬉しそうに
笑えるようになってきました
おねえちゃ〜ん
あっ
頭だからセーフ!

れいかちゃんとえみちゃんのお話

ひとつの家族を作るためには

複数の子どもを預かる

れいかちゃんとえみちゃんのように、すでに子どもが委託されている里親家庭にも、二人、三人と委託されることがあります（委託される子どもは四人まで、実子がいる場合は合わせて六人までとされています）。子どもたちは、楽しく日常を過ごしたり、一緒に喜んだり、ときには激しくケンカしたり……、きょうだいのような関係性を築きながら成長していきます。

えみちゃんが来たときのれいかちゃんのように、子どもが一人増えると家族関係だけでなく周囲の環境も変わっていきますが、不満を漏らしながらも少しずつ受け入れ、成長していきます。れいかちゃんに対して里親さんがしたように、里親やまわりの人が話を聞いてあげるなどさりげないケアが、助けになります。

子どもは里親の苗字を名乗る？

里親家庭は他の一般家庭とほとんど変わらない暮らしをしていますが、いくつか考えなくてはならないポイントがあります。

一つには、委託された子どもはどのような苗字を名乗るのか？　ということ。多くの場合、委託された子どもは里親家庭の苗字を通称名として使っています。正式な書類は本名となりますが、便宜上学校をはじめとしたさまざまな場所で、里親家庭の苗字を名乗ります。

でも、たとえばわたしたちが受託している子どもは、実の親と暮らしていたときと変わらず、本名を名乗っています。とてもはっきりした子どもで、本人に尋ねたとき自分の苗字がいいと言ったからです。それに合わせてわたしたち夫婦は、小学校では子どもの苗字を名乗ることにしました。

どちらがいいかは、一概にはいえません。短期間の委託である見込みの場合、子どもの希望によっては本名を名乗るのがよいのかもしれません。また、子どもが自分の苗字がいいと言ったから本名を名乗っていたけれど、一年ほど経って里親の苗字を使いたいと言ったから変えた、という里親もいました。

ただ、途中で変えるとなるといくつかの手続きが必要で、子どもの友だちも戸惑って大変だったと聞きました。できれば名前については、簡単に変えることがないようにしたいですが、子どもの気持ちは変わるもの。大事なのは子どもの意思を聞き、話し合って決めるということです。苗字の背景には、いろいろな事情があるかもしれないということをまわりが理解し、受け入れていくことが大切です。

いろんな家族があること

もうひとつは、学校の授業です。小学校では赤ちゃんの頃の写真を持ってくるよう言われたり、子どもを出産したときの父母の思いを聞き取る宿題が出たり、½成人式にも代表されますが、これまでの人生を振り返って発表する、という課題があります。

　多くの里親家庭にとっては、そのような課題がつらい思いを引き起こす原因にもなり得るのです。

　わたしたちのときは、小学校に通う前に担任の先生と校長先生、副校長先生、そして児童相談所の人たちで話し合いの時間を持ち、考慮していただきました。その結果、赤ちゃんの頃のことに限定せず、これまでの人生のなかで思い出深い写真やエピソードを持ち寄る、という授業に変えてくれました。

　社会的養護を受けている子どもに限らず、いまの時代にはさまざまな家庭があります。多くの人の当たり前のために、当たり前ではない家庭の子どもたちが不必要に大変な思いをすることなく、のびのび育っていくことのできる環境を整えたいものです。

あかりちゃんのお話
あかり
ママ ただいまー!!
やっと この日(冬休み)が…!
おじいちゃーん おばあちゃ〜ん きたよ〜!!
今日からあかりちゃん家族は一週間、あかりちゃんの実家にお泊まりです
お世話になります
ぐいっ
いえ いえ
私たちも楽しみにしてたから
ちょー楽しみにしてたからね(私が)
おやつだ〜!!!
りくくん! かいくん! いらっしゃーい!
まってたよー♡
おかえりなさい
長期の休みにこうして集まるのをみんな楽しみにしていました
おやつよ〜
ドーナッツだ〜
は〜 実家はサイコーだ〜 くつろがせてもらお〜
ドサ

二人は何才になったの？
ぼく六さい
三さい
もうすぐ4さい
大きくなったわねー
六才と三才かぁ…
なつかしいな
あかりちゃんは三才のとき
児童養護施設からこのおうちに来ました
来たときから静かで
あまり感情を出さない子でした
大丈夫よーっ
若い頃のおばあちゃん
固。
来たばかりで緊張しているのかと思いましたが
おいでー
…
一ヶ月経っても二ヶ月経ってもそのままで
甘えず
ひどく転んでも
大丈夫!?
…
ムク
少し注意されても
…
一度も泣かず
まわりでどんなに風邪が流行っても
39℃
ゴホゴホ
あかりちゃんだけはかかりませんでした
強い子といえばそうだけど
心配…

もしかして本当は
このおうちに来るのが嫌だったのかな
里親さんは切ない思いで
ぎゅっ
あかりちゃんと一緒にいました
初めて
うっ!!
うわぁ…
うわぁぁ……ん
大泣きしました
そして一年が過ぎようというある日——
あらら
だいじょう…
…ぶ…
その日からあかりちゃんは
急にしょっちゅう泣くようになり
急にしょっちゅう風邪を引くようになりました
一年間泣くことも風邪を引くこともできないくらい
気が張っていたんだ…
こんな小さな体で…
いままで一度も泣かなかった　あかりちゃんが
…っ
それからあかりちゃんは
すごく自分を出せるようになって
ママの卵焼き大好き!♪
きのこは大っきらい!
ぽい
こらっ

子どもらしく甘えたりだだをこねたりできるようになって
ママだっこー
ギャーッ
やだーっっっ
オロ…
いっぱい願いを叶えてもらって
一度言い出したら聞かないんだから‥
わんっ
やっぱりボクか‥
お父さん良い運動になるんじゃない
すくすく大きくなっていきました
何時だと思ってるんだっ!
ギャー
ほっといてよ!
犬の散歩はっ
ギャー
明日するウウ!
昨日もそう言ったっ
あーもううるさいっっ
そして―
…パパ
いままで、ありがとう
あかり…
あかりちゃんは結婚し新しい家庭へ巣立って行ったのです
どうか幸せに…
こちらこそありがとうっ
オレまで泣けてきた
式、これからだから

あかり
はっ
あれ
みんなは？
寝てた
🐶の散歩
行ってる
あかりと何度も
歩いた道を
かわいい孫たちと
また歩けて
お父さん
すっごく
嬉しいのよ
二人とも明るくて
元気いっぱいで
かわいくて
はい、お茶
本当に良い子に
育ってるわよね
いや…
あの2人…
良い子なのか？
めっちゃ
こだわり強めで
甘えん坊で
泣き虫で
ずっとしゃべってるし
走ってるし
ケンカもするし
すごいよ
ヘトヘトに
なるよ
かわいい♡
甘えたり
泣いたり
いっぱい
話したり
なんて…
安心してる
ってこと
じゃない

…嬉しかったよ
あかりが
わたしたちのところに
来てくれて…
力一杯わがまま
してくれるの
いやっ…
わがままは…
されるより
する方がいいに
決まってる!!
パパ、ママ
あの泣き虫
甘えん坊の
あかりちゃんが
立派なお母さんに
なっちゃって
本当すごい♡
だから…
これからも
元気で
いてもらわないと
困る!!
ずっと
一緒にいてくれて
ありがとう
…ということで
今日は
ハンバーグ
お願いします
そーよ
私たちも安心だわ
そ、
そうかな…
えへ
時代は…
移り変わるのね…
これからも
よろしくね
ただいまーっっ
おかえりー
ひっぱれ〜

あかりちゃんのお話

子どもの自立を応援する

自分の人生を大切にできるように

里親家庭に委託される子どもにとって、「自立」は特に大きなテーマです。いわゆる一般家庭でも、18歳で自立するというのはなかなか難しいことだと思います。まして、里親家庭に委託されるまで複雑な環境に身を置き、多くの困難を経験してきた子どもにとって、自立は決して簡単なことではありません。

落ち着いて勉強できる環境でなかったために、勉強が遅れてしまうこともあります。実親と離れるかどうか、その後の行き先をどうしたらいいかなども、大人（児童相談所など）に決められてきたために、無気力になっていることもあります。そんなときに、人生の岐路ともいえる進路決定や職業選びなどの選択を迫られても、「どうせ決めても意味がない」と、どの選択肢にも魅力を感じられなくなってしまうことがあるのです。

何とか※1大学進学や就職を決めても継続できず、中退や数ヶ月単位で仕事を退職してしまうことも少なくありません。家族の後ろ盾がない状態では、仕事が継続できないとすぐに経済的な壁に突き当たります。また、自立して一人暮らしをしたときに、そばに気軽に相談できる人がいないことが問題を大きくします。

子どものなかには、自立以前に自分からだれかに頼ることや、適度な距離感で自分の内面を打ち明けることを難しいと感じる子どももいます。ですから里親家庭にいるときから、自分から人を頼っていいことを伝えていく必要があるのです。そして困ったときは、本人の状況を理解して、生活や仕事のこと、愚痴や不満、不安を聞いてくれる人が必要なのです。

自立後も里親家庭を実家のように頼る

りくくんとかいくんのお母さん・あかりちゃんは、里親家庭で育ちました。その後18歳で自立して結婚しましたが、結婚後も配偶者や子どもたちと一緒に里親家庭に帰省しています。子どもが里親制度を利用できるのは※2 18歳までと決まっていますが、18歳を過ぎてからも実家のように遊びに行ったり、里親を頼ったりすることがあります。こんな関係が築けると、委託された子どもの将来も安心です。

自立に向けたサポート

近年、自立に向けてさまざまな取り組みが始まっています。２０２４年４月からは、次の支援先に行くまで里親家庭にい続けられるようになったのです。また、社会的養護を受けた子どもが相談したり、行くところがないときに数日泊まったりできる拠点も作られていくことが決まりました。

各自治体では民間団体なども活動し、社会的養護を受ける子どもたちが安心して自立できるよう努力しているところです。先駆的な各自治体の取り組みについては、こども家庭庁のホームページで紹介されています。

子どもが経験する困難は、子ども自身が引き起こしたことではありません。それでも子どもは、その後の人生を歩んでいかなくてはならないのです。子ども時代に抱えた困難が、その後の生涯にわたる生きづらさにつながらないよう、サポートすることがとても大切であり、これから期待されている分野です。

※1　大学進学にあたっては、近年、社会的養護を受けている子どもを対象にした奨学金が充実してきています。

※2　後述するように、２０２４年４月からは次の支援先に行くまで里親家庭にい続けられるようになりました。

めぐみちゃん
のお話
おはよう
はっ
めぐみちゃんは社会人一年目
この春から一人暮らしをしています
世界が…
ぼやけてる…
あ…やっと
見えてきた
生まれつき視力が弱く
めがねなしにはほとんど何も見えませんが
今日は
加藤さんのとこだ
あん摩マッサージ指圧師の
国家資格を持っています
優しい顔…
佐藤さんかな
めぐみちゃん
お母さんだ
今日の夢…
あの頃を
思い出すな…
めぐみちゃんは——

お父さんも
お母さんも
いない
名前も
国籍もない
ひとりぼっちの
赤ちゃんでした
お父さんは不明
お母さんはベトナム人だったらしいのですが
産後すぐ行方不明になり
めぐみちゃんは乳児院に送られ…
名前は職員さんがつけてくれました
二才で児童養護施設に移って——
担当職員の佐藤さんのことは大好きでべったりでしたが
視力が弱い上に何をするのもゆっくりだったので大きくなるにつれて
また やっちゃった
ってーな！
ちゃんと見ろよ！
ドン
ごめんなさい…
まだ解けないの！？
おそすぎ！
まわりから怒られたり 馬鹿にされたりで
落ちこむことの多い毎日でした
わたしって ほんとダメだな…
佐藤さんも気になりつつ特別なフォローはできないままでした
そんなめぐみちゃんの日々に変化が訪れたのは
よく
見えないけど…
小学校三年生のときのこと——
めぐみちゃん
よろしくね
前から交流を重ねてきた里親さんのおうちに行くことが決まったのです

里親さんのおうちには交流でこれまでも何回か泊まりに来たことがありましたが
本当にこのおうちに住むんだ
優しそうなお父さんとお母さんだけど…
佐藤さんにはもう会えないんだ…
めぐみちゃん
夜になるとどうしようもなくさみしくなって泣いてしまうのでした
うっ
うっ
そんなめぐみちゃんのために里親さんは毎晩
めぐみちゃんが眠りにつくまでそばにいて
いろんな物語を聞かせてくれました
めぐみちゃんの勉強に遅れがあることは里親さんも聞いていましたが
ひらがなを読むのがやっとで
わからない…
「や」…？
「か」…？
一人で宿題をするのも難しい状態でした
もしかして知的に障がいがあるのかな…
受けこたえはきちんとできるのに
なにより里親さんが勉強を見ようとしても
わたしできない
やりたくない
どうせ追いつけないし
本人にやる気がないようでした
でもあるとき、めぐみちゃんにとって大きな一歩を踏み出すきっかけとなるできごとが起こりました
…
…
めぐみちゃんもしかして…

そのめがね合っていませんね
だいぶ視力が落ちてます
ぼやけて全然見えなかったでしょう
それかけてみて
ほんの少しのきっかけで
お母さんって
こんなきれいな人だったんだ…
こんなに世界が変わるなら—
見える…
前よりずっと見える…!!
わたし、がんばってみようかな
めぐみちゃんは初めて自分から
一こずつ数えてごらん
二等辺っていうのは…
苦手な勉強に取り組んでみましたが…
よかった…
よかったね!! めぐみちゃん!
せっかく決意しても… どんなにがんばっても…
できるわけない
わたしには無理だ
やっぱり…
どうせ…
少しでもつまずくと途端にやる気を失ってあきらめてしまうのでした
…
めぐみちゃん

人には楽々開けられるドアが…
自分にだけは重いときもあるよね
はっ
六年生になる頃には遅れていたなんて分からないほどになりました
今日もいい顔でいられてるかな
さらに同じ頃――
みんなと同じじゃなくたっていい
人の力を借りたっていい
新しいドアを開けようと挑戦してる…それが素晴らしいじゃない
怖がらないで!
がんばるめぐみちゃん
もう一つ、里親さんたちのおかげで大きく変わったことがありました
めぐみ! 国籍の手続き通ったよ!
すごくいい顔してるよ
そうかな…
里親さんの言葉に励まされてめぐみちゃんは勉強を続けることができ
めぐみちゃんが来てから里親さんはめぐみちゃんの日本国籍取得のための手続きをずっと進めてくれていました
児童相談所
法務局
弁護士事務所
そして三年かけて審査が通ったのです

これで将来
一人暮らししたり
仕事するときも
結婚したり
するときも
困らないし、それに…
あ、なんか涙が…
パスポートも！
お父さんと
お母さんのおかげで
お、良い天気
シャ
いったい
いくつのドアが
開いたんだろう
めぐみちゃんの
お母さんが
生まれた国を
見に行けるよ！
落ちないかな…
ぐー
ドキドキ
それはめぐみちゃんにとって
初めての旅行で
チチ・
世界が
輝いてる
ああ…
わたしって…
本当に
大切にされてるんだ
里親さんの愛情を
強く実感する
忘れられない
時間になりました
いってきます！

めぐみちゃんのお話

寄り添いながらサポートする

障がいがある子どもに寄り添う

めぐみちゃんのように障がいがある子どももも、里親家庭に委託されることがあります。厚生労働省の調査によれば、里親に委託された子どものうち障がいのある子どもは※29・6%です。約三割が何らかの障がいがあることになります。比率としては、知的障害や広汎性発達障害（自閉症スペクトラム）、注意欠陥多動性障害（ADHD）が多く、また少数ですが、めぐみちゃんのような視覚や聴覚に障がいがある場合もあります。

一見、発達障がいや知的障がいのように思えても、これまでの環境による対人関係の経験の少なさや、勉強の遅れによるものなのか判断できないこともあります。また、障がいの診断がつかないグレーゾーンの場合もあります。いずれにしても、里親も他の親と同じように、地域の医療機関や発達障害支援センターなどを利用しながら知識を深め、子どもの困りごとに寄り添いながら育てていきます。

何に困っているかを知る

めぐみちゃんは同時に、無国籍という課題も抱えていました。ベトナム国籍のお母さんが行方不明になり、お父さんも不明だったことから無国籍になってしまったのです。国籍がないということは、つまり日本国籍の人であれば当然保障されている基本的人権が保障されない、ということです。

無国籍だと、就職や結婚も難しくなります。パスポートも取れず、海外旅行もできません。高校の修学旅行で海外に行こうとしても、参加できないのです。無国籍で居所が明確でないために、就学前案内や就学前検診の案内は届かず、就学に支障が出ることもあります（社会的養護を受けている子どもは、児童相談所が介入するため、就学時の問題はありません）。

国籍はできる限り早く取得する必要があり、子どもの人権を専門とする弁護士などが活躍しています。

無国籍や外国にルーツがある子どもを里親に

委託する場合、子どもは生活習慣や食事、宗教的な差異によって、びっくりしたり混乱したりすることもあります。たとえば、いつも食事を残すと思っていたら、食べ慣れないものだったとか、宗教上の理由から食べてはいけないものだったとか。保育園や幼稚園、学校でも同様の問題が起きるでしょう。日本語でのコミュニケーションにも支障があり、学習が遅れたり、良好な友人関係を築きにくかったりする側面もあります。

思春期の頃には、どんな環境で育っていても、ほとんどの子が「自分は何者なのか」「どこに所属しているのか」というアイデンティティについて悩みます。無国籍や外国籍の子どもは、思春期の悩みをより複雑にしてしまうこともあるのです。

いろんな子どもに寄り添える社会に

里親に限らず、わたしたちは子どもたちの文化的アイデンティティを尊重する必要があります。機会があるときに、さまざまな国の子どものルーツとなる外国の文化について学び、理解を深めておきたいものです。自分でも気が付かないうちに、子どもたちに気まずい思いやいづらさを感じさせないよう、気を付けることができるからです。

外国にルーツがある子ども、障がいのある子ども、本書で紹介してきたような、さまざまな状況にある子ども……。いろんな子どもがいますが、子どもの国籍や文化の違い、障がいの有無など、子どもがこれまで歩んできた人生に必要以上に惑わされる必要はないのではないでしょうか。もちろんいくつかの留意事項はあるものの、大切なことは、わたしたちが、子どもを一人の人間として尊重することだと思うのです。

※こども家庭庁支援局家庭福祉課・こども家庭庁支援局障害児支援課（2023）「児童養護施設入所児童等調査結果の概要（令和5年2月1日現在）」の「児童の心身の状況（里親委託児）」

くうちゃんとわたしたちのお話
わたしはもともと子どもが大好きで
学童保育所
児童養護施設
ひとり親家庭育児補助
夜間の保育士
ずっと子どもと関わる仕事に携わってきました
こんにちは この本の著者の三輪清子と申します
もしかして となりの親子は里親子!?
普段は大学で児童福祉を教えていて
実家は里親家庭をしていて
父
母
家に来た子どもたちとも姉として楽しく関わってきました
でも…
夫のまあちゃんと
里親として預かっている11才のくうちゃんと
三人で生活しています
わたしの願いは、いつか自分自身が里親になることでした
本当はわたしが里親をやりたかったんだよな…
先をこされた…
ママー

夫は子どもたちに優しいし
里親っていいね
って言ってくれてるけど…
やりたいこといろいろあるっぽいしまだまだ先だろうな…
そんな日が続いたある日…
夫の本気度を確かめるため一年待ちましたが
…
疑い…
決めた顔
ゴオオ….
想いは変わらず
わたしもギアを上げました
里親になろう
オレが子どもを育てたい
わたしたちは児童相談所に連絡を取り
研修を受け
実習をし
里親認定を受け…
え？
本当!?
なんで??
でも仕事は…？
もう決めた顔
オレが仕事を辞めて子どもを見る
三ヶ月後
ようこそ！くうちゃん！
七才のくうちゃんとの里親子生活が始まりました
あれから四年──くうちゃんを迎え入れてからの日々を振り返ってみます

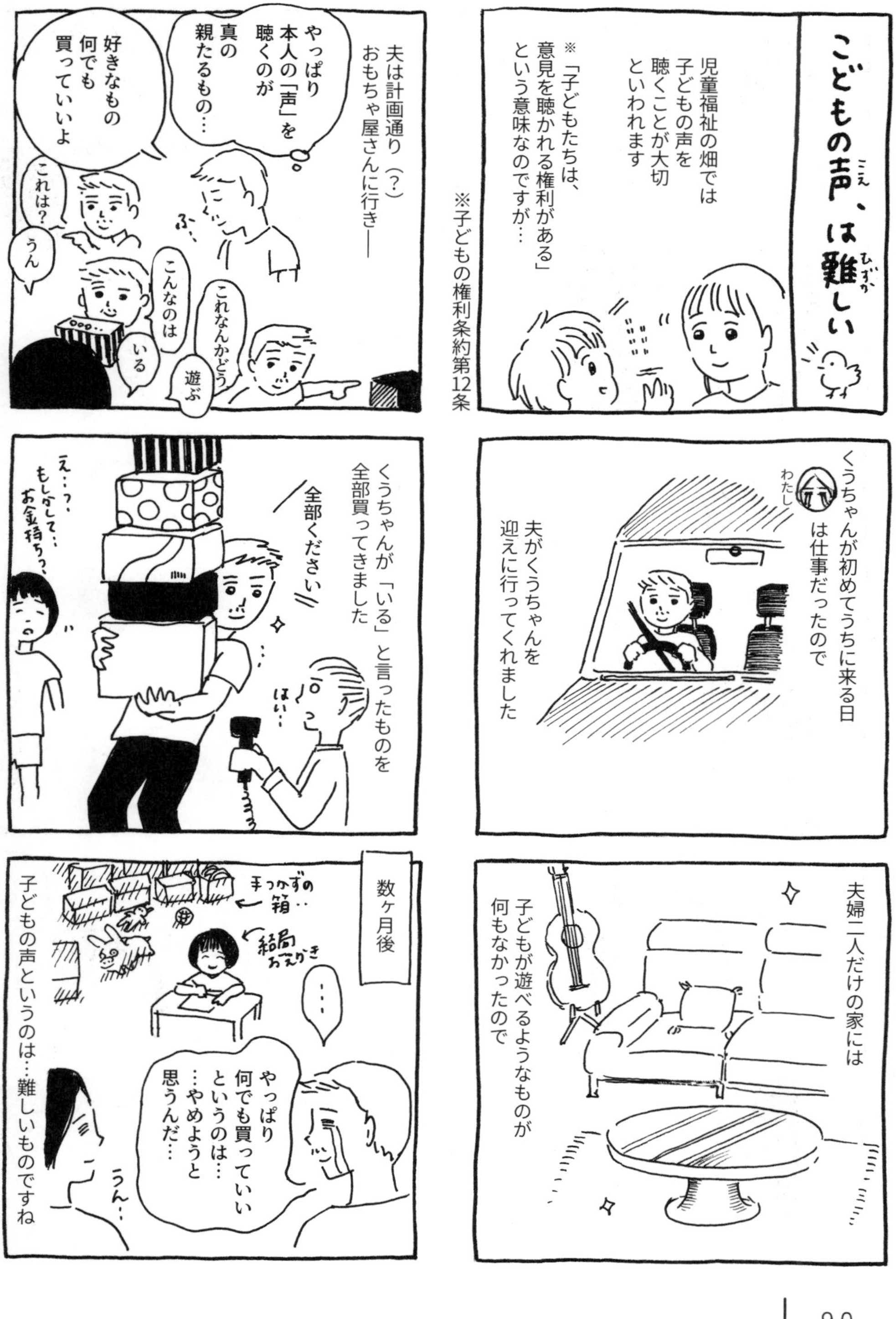
こどもの声《こえ》、は難《むずか》しい
児童福祉の畑では
子どもの声を
聴くことが大切
といわれます
※「子どもたちは、
意見を聴かれる権利がある」
という意味なのですが…
くうちゃんが初めてうちに来る日
わたし
は仕事だったので
夫がくうちゃんを
迎えに行ってくれました
夫婦二人だけの家には
子どもが遊べるようなものが
何もなかったので
夫は計画通り（?）
おもちゃ屋さんに行き——
やっぱり
本人の「声」を
聴くのが
真の
親たるもの…
好きなもの
何でも
買っていいよ
これは？
うん
ふ…
こんなのは
いる
これなんかどう
遊ぶ
くうちゃんが「いる」と言ったものを
全部買ってきました
全部ください
はい…
え…っ、
もしかして…
お金持ち？
数ヶ月後
手つかずの
箱…
結局
おえかき
…
やっぱり
何でも買っていい
というのは…
…やめようと
思うんだ…
うーん…
子どもの声というのは…難しいものですね
※子どもの権利条約第12条

食事《しょくじ》の量《りょう》は難《むずか》しい
目の前にいる人が「子ども」である、という感覚はどのように培われるのでしょうか
育児書だったり…一緒に過ごすなかで少しずつ、なのかな?
我が家(夫)の場合は…
オレとおそろい
ナイスチョイス!
うまい!
ドン
なんか…デジャブ…
…
家
おまたせ〜っっ
特製チャーハン!
二年生
え?
ドン
アイス屋
遠慮しないで!
好きなの頼んだらいいよ!
重…
…
…
さすがに…
ファミレス
う〜んどれもがっつり系だな〜
お子さまランチください
すごい量…この中だと…
menu
え?
子どもだからってお子さまランチって決めつけるのおかしくない?
夜
くうちゃんって小食なんだけど
結構残して…病気じゃないかな
心配…
いや、子どもなんだよ
え?
え?
だから?
——こんな感じでした。

こどもがいる家《いえ》、どんな家《いえ》っ、
「子どもがいる家」というと、
プラスチックの食器とか…
カラフルなおもちゃとか…
散らかった部屋…砂だらけの玄関…
をイメージされるかもしれません
(わたしもそうです)
実際我が家も、くうちゃんを迎えた日
大量に運びこまれたおもちゃに
部屋を占拠されました…が…
ピカ…
ふぅ
めちゃくちゃきれい好きの夫によって
どこにもない…
生活感…
我が家はめちゃくちゃきれいで
おしゃれなままです
オレ…
くうちゃんのことも
この家も…
大好きだからさっ
あ、ダメダメ
汚れてる!
くつ下
脱いで!
足洗おう!!
?
逆に
ちょっと
恥ずかしいのは
なんでだろう…
「らしさ」はその家によって
違い…ますよね…?

スクリーンタイム、どうします?
スマホやゲーム、テレビなどとの付き合いは、難しいものと聞きます
うちは30分って決めてて…
食事中はテレビは消してます
Aさん
Bさん
我が家も夫婦二人のときは
食事中にテレビをつけたり
ダラダラとスマホを眺めたり…
でも、子どもがいるとある程度ルールも必要と思うのですが…
…
テレビ
…
ピッ
えと、食事中はさ会話の妨げに…
くうちゃんこの番組好きなんだよ
そうだけど、くうちゃん箸止まってますし…
はははっ
もう聞いてない
ダメだこりゃ
ゲームも
そろそろ一時間経つけど…
途中で区切られたらやった気がしなくてつまらない
やるなら好きなだけとことんやったらいい
妙な説得力
そういわれるとそんな気も?…イヤイヤ
くうちゃん目がバッキバキな気が…
そんな我が家でしたが…
数年後
くうちゃん、大事な話がある
ゲームとテレビは時間を決めよう
キリッ
テレビは会話の妨げになるし、つい観ちゃってご飯が遅くなる
ゲームも目がバッキバキになる
今日、子育てセミナーで学んだんだ。
うん。
…
えっと…まあ結果オーライということにしましょう

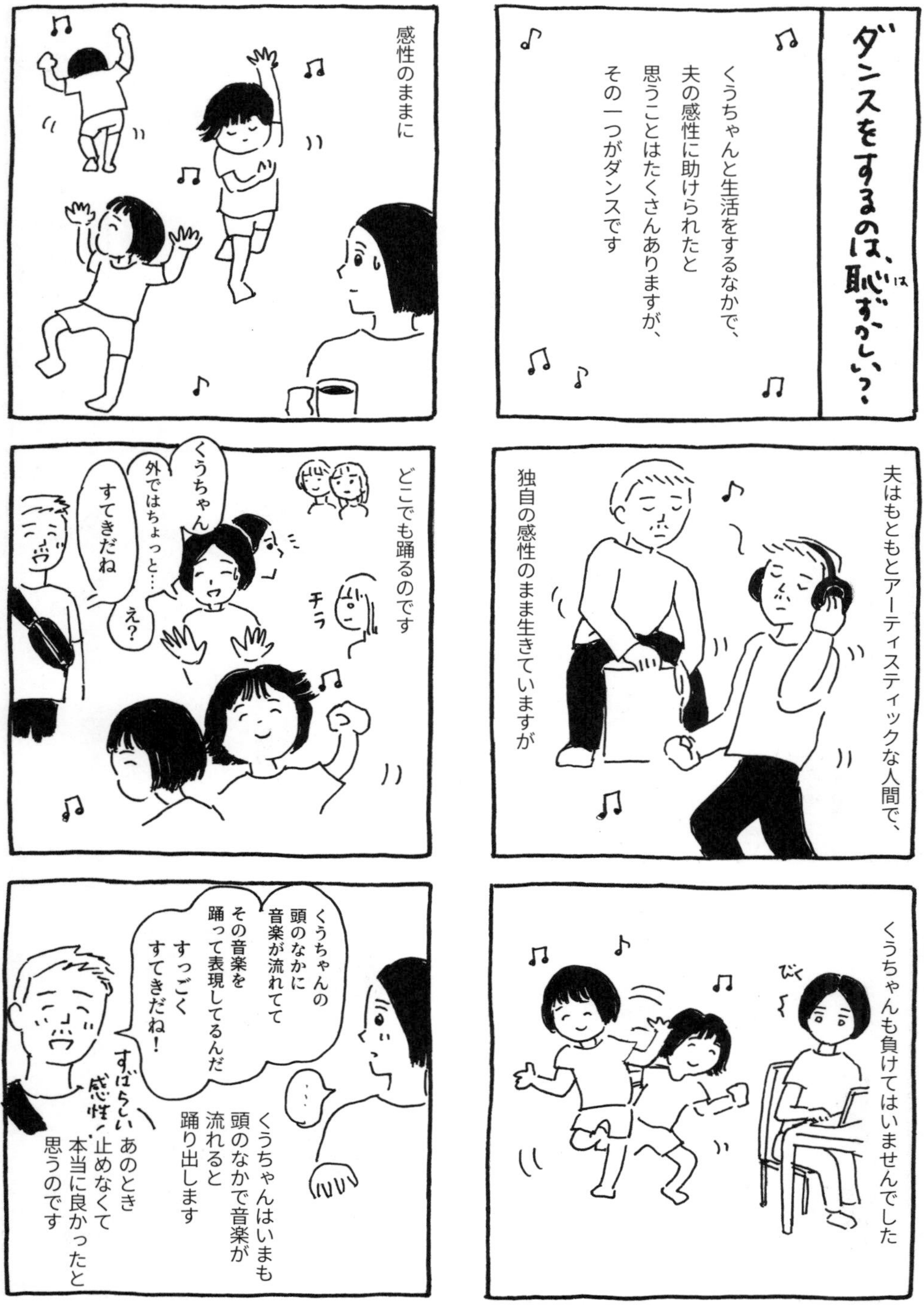
ダンスをするのは、恥《は》ずかしい？
くうちゃんと生活をするなかで、夫の感性に助けられたと思うことはたくさんありますが、その一つがダンスです
感性のままに
夫はもともとアーティスティックな人間で、
独自の感性のまま生きていますが
どこでも踊るのです
くうちゃん 外ではちょっと…
すてきだね
え？
チラ
くうちゃんも負けてはいませんでした
びく
くうちゃんの頭のなかに音楽が流れててその音楽を踊って表現してるんだ すっごくすてきだね！
…
くうちゃんはいまも頭のなかで音楽が流れると踊り出します
すばらしい感性！
あのとき止めなくて本当に良かったと思うのです

アートの扉《とびら》が開《ひら》くとき？
くうちゃんが来て、
世界が広がったなあ…
と思うことはたくさんありますが、
その一つが美術です
わたしは子どもと遊んだり
料理をするのは大好きですが
美術・芸術にはとんと疎く、
美術の教科書
眺めていると眠くなります
（夫は強い）
くうちゃんが好きだというので…
…
…
…よく絵を見に行くのですが
色は…
きれいだが…
正直何が良いのかさっぱり分からん
じゃ、そろそろ次…
これ虫みたいだね
え？
こっちは海かな
なかなかいいね
好きだな
ふーん この人はこういう風に表現するんだね
そっか…
絵を楽しむって…それで良いんだ
くうちゃんは、くうちゃんのなかに広がっている豊かな世界を、わたしに分けてくれます

説明《せつめい》するって難《むずか》しい
児童福祉では、子どもであっても大人がしっかり説明することが重要視されています
でも、実際に子どもを前にすると…
さっかく（錯覚）って何?
錯覚…
錯覚は…え〜と…
さっ…か…く…と
子どもに分かるように説明するって、意外と難しいものです
夫はくうちゃんの疑問に
この虫はね…
政治っていうのは…
一つひとつ真摯に向き合う
…だけでなく
…なんだけど、くうちゃんだったらどうする?
う〜ん…
できるだけ考えをさらに発展できるような話し方をするので感心します
——とは言え、
こんなふうに説明できる大人でいるって、すごく大切なことだ…
いまではくうちゃんから疑問が出ると、
◯◯って何?
何?
…
夫のほうを向いてしまうわたしです

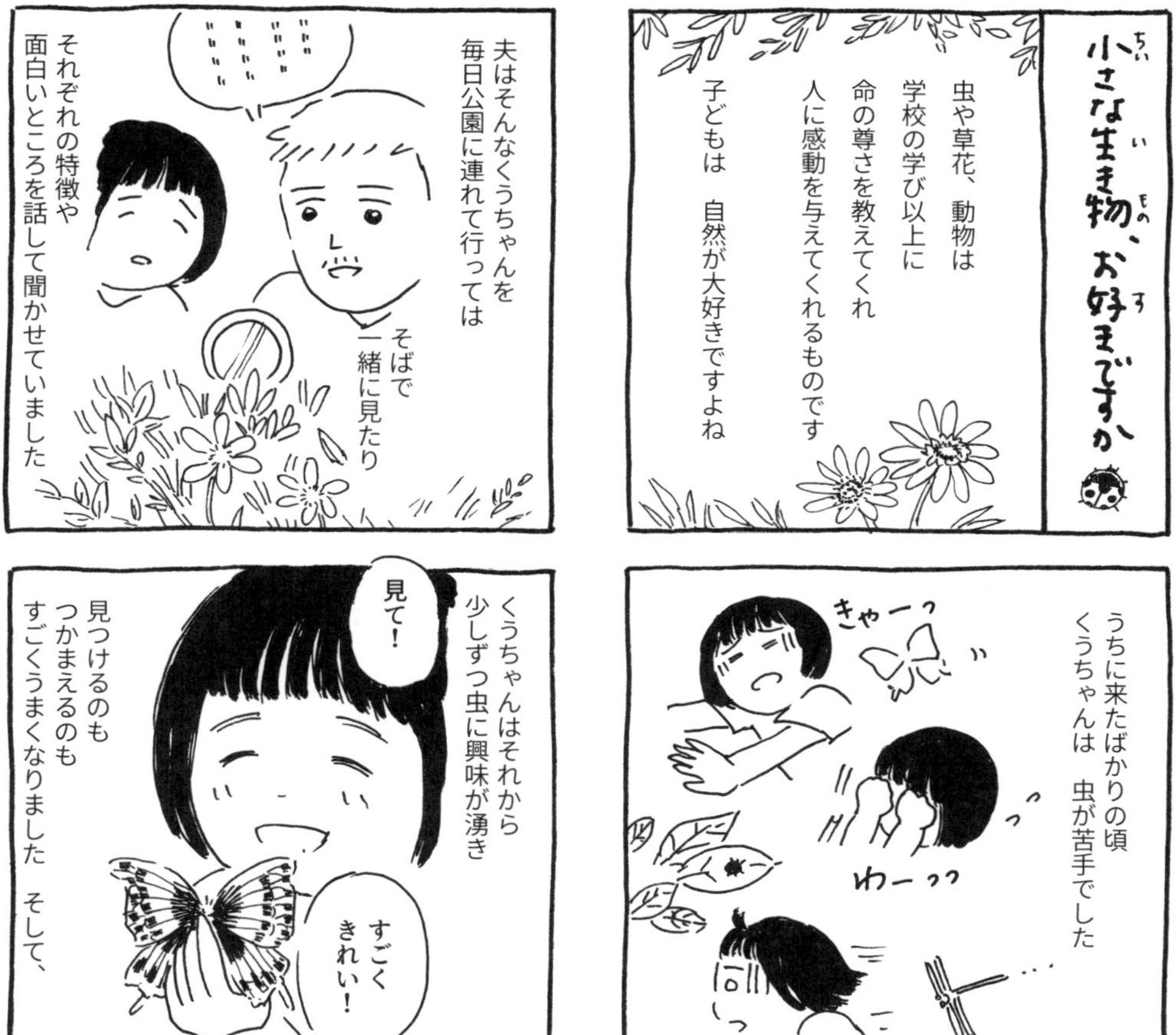
小《ちい》さな生《い》き物《もの》、お好《す》きですか
虫や草花、動物は
学校の学び以上に
命の尊さを教えてくれ
人に感動を与えてくれるものです
子どもは　自然が大好きですよね
うちに来たばかりの頃
くうちゃんは　虫が苦手でした
きゃーっ
わーっっ
こわいーっっ
虫…かわいいし
すごく
面白いのに…
もったいない…
やだーっっ
嫌なものは
嫌でいいんじゃ
ないの
同じく苦手
夫はそんなくうちゃんを
毎日公園に連れて行っては
そばで
一緒に見たり
それぞれの特徴や
面白いところを話して聞かせていました
くうちゃんはそれから
少しずつ虫に興味が湧き
見て!
すごく
きれい!
見つけるのも
つかまえるのも
すごくうまくなりました　そして、
はい!
触っていーよ!
いや……
かわいいよ!
わたしは…
大丈夫～!!
眩しいくらい　すっかり
「あちら側」の人になってしまいました

か〜
きよちゃん〜!
起きて〜!
今日も…一日がはじまる
ジャムこぼした〜
あ〜
寝ぼけすぎでしょ
ほら!
ごはんだよ!
昨日と同じ家で　同じ家族と
同じような朝を迎えて
あー…あひたひごとめんどくはいな〜…
シャカ
シャカ
もう明日の文句言ってるの
今日がはじまっていく
おはよー
座って!
おはよー…
「よく里親をやろうと思いましたね」
と言われたりするし
「すごい」と言ってくれる人もいる

でもわたしたちは
特別なことは何もしていなくて
きよちゃんも一緒にやろうよ〜
くうちゃんと一緒に
食べて　笑って　じゃれて
それ長いからいやだ
えー
私はここでゆっくりゴロゴロしたいのだ
「いやだ!」とか言われながら
毎日を過ごしているだけだ
でも　その何気ない
もしかしたらだらしないくらいの生活こそ
子どもたちが必要としていて
あ
その土の上に
思ってもみなかったほどの
とうとう…
梅が咲いた〜
美しい花を咲かせてくれる
子どもと一緒に暮らすこと
一緒に暮らしてもらうこと
あれはメジロだ
それが期間限定のひとときだとしても
なんと豊かで
かけがえのないものだろう…と思う

里親になってみてはじめてわかったこと

突然、小学生と暮らすこと

くうちゃんが我が家に来てくれて、わたしたち夫婦の生活は、もしかしたら一変したのかもしれません。でも、振り返っても何が変わって何が変わらなかったのか思い出せないくらい、日常のなかでいつの間にか変わっていったことが、いくつもあるよう思います。

くうちゃんが来てくれてからのことを思い返すと、本当にいろいろなことがありました。

里親養育は、中途養育であるともいわれます。子どもの人生の途中から、養育を引き受けるからです。わたしたちは、突然来た小学生の子どもに戸惑いました。そしてくうちゃんも、くうちゃんのそれまでの人生を知らないわたしたちに対して、戸惑っていました。

わたしたちが夫婦二人で築いてきた常識や文化と、くうちゃんが過ごしてきた実家庭での常識や文化とをすり合わせていくことは、くうちゃんにとっても、わたしたちにとっても、少し大変だったかなと思います。

はじめの頃は三ヶ月ごとに、くうちゃんは目に見える変化とともに大きく成長していました。たとえば、それまでは必ず泣きわめいていたような場面で泣かなくなり、言葉で抗議するようになったり、説明がじょうずになるといった言語的発達を遂げたり、お友だちへの考え方が変わるなどの人間関係の築き方が成長したり……などです。目に見えてステップアップしていくくうちゃんのようすは、わたしたちにとってとても刺激的でした。

それ以外にも、くうちゃんはわたしの成長につながる、新しい世界の見え方を教えてくれたり、これまで見たこともないような素敵なくうちゃんの世界を教えてくれたりしました。

里親とは？

里親って何だろう？　ときどき考えます。児童相談所が委託してくれた子どもと一緒に生活する。それが里親です。

子どもがもといた家族の環境が整えば、子どもとはお別れして、子どもは家族のもとに帰る。子どもには、本来であればともにいるべき実の家族があるのです。里親は一時的に家庭が必要な子どもに「家庭を提供するだけ」です。

一緒に暮らした子どもといつかお別れする可能性があることについて、「つらくないですか？」と聞かれたりします。もちろん、つらいに決まっています。「悲しいとも大変とも悔しいともつらいとも違う。なんて言ったらいいのかわからない。言語化できない」という里親さんもいるほど、里親にとって別れは大変なできごとです。

子どもと暮らすには、それなりの覚悟も必要です。生身の人間と、その人格を預かり、権利を保障する必要があります。自分のプライバシーあふれる私的な空間に、社会から委託された子どもがいることで、自分の私的な部分のすべてを隠せるわけではなくなります。

子どもに生じていることは、「わたし」に生じていることになります。何かが変化すれば「わたし」の生活にも変化が求められ、「わたし」自身にも変化が求められます。「わたし」の人生が方向転換を余儀なくされることもあるのです。

里親は「仕事」じゃないんです。ボランティアでもないと思います。そして里親家庭は、シェアハウスではないんです。寮生活でもない。

里親と子どもの関係は、仲間とも違うし友だちとも違う。親子なのかもしれないし、違うのかもしれない。いろいろな関係の作り方があると思います。でも、「家族」なんです、たぶん。

里親として子どもと暮らすということは、子どもの人生のもっとも核となる部分に少しだけ関わらせてもらうということだと思います。子どもにも、「生活」というもっとも私的な部分でわたしに関わってもらいます。互いに互いの人生に関わり、助けてもらったり、反発しあったりしながら、一緒にそれぞれの人生をつむいでいくことにほかなりません。そしてそれは、ときに何ものにも代えがたい体験となるのです。わたしはそのような貴重な生を生きることができる機会に、とても感謝しています。

全部ください
はい…

第2章

里親体験インタビュー

PROFILE

田中さん（30代女性）

実家が里親家庭だったのを機に、夫婦で里親に。現在４歳、12歳、17歳と３人の子どもを預かっている。

田中さんの場合

子どものいる生活は想像していたよりもすごく楽しかった

――里親になったきっかけを教えてください。

田中さん　わたしの両親が里親だったんです。それで、実家で預かっていた子どもと結構深く関わりを持っていたんですけど、恋人だったいまの夫が「自分たちも里親になりたいね」と話していたのがきっかけの一つです。彼の言葉がきっかけで、「そういう道もあるんだな」って思いました。

――実際に、どのように里親になったのですか？

田中さん　結婚したときは「自分の子を産むのが先だろうな」と思っていたんですが、子どもがなかなかできなくて。それで、両親がちょっと旅行したり冠婚葬祭があったりするときに、両親に委託された子どもを※預かることから始めました。それからだんだんと具体化していきました。

※レスパイト……援助を必要とする里親が休息を取るために、一時的に当該児童を預かること

――実際に里親になってみて「想像していたのと違う！」と思ったことは？

田中さん　実家が里親家庭だったので、そんなに違いはなかったです。親が里親をはじめたときわたしは大学生で、委託された子どもたちとも一緒に住んでいました。みんなのようすも見ていたので、ギャップは感じませんでした。

ただ、「もしかして自分の生活を乱されるのかな。それがストレスになるのかな」というイメージはありました。実際に子どもとの暮らしがはじまってみたら、たしかに子ども中心の生活にはなったし、大変は大変でしたね。

でも、子ども中心の生活だからってストレスになるというより、それ以上に楽しいというか……。喜びがあるし、子どものかわいさが勝ってて。大変は大変ですが、想像していたよりも子どものいる生活はすごく楽しかったです。

――田中さんのおうちには子どもが三人いますが、子どもたちの関係性はどうですか？

田中さん　二番目のカズが来ることになったとき、最初に預かったメイは「やったー」と喜んでいたんです。だから、「大丈夫そうだね」と話を進めたんですけど……、カズとの交流をするために乳児院に一緒に行くことにしたら、会いに行く段階で「やだな」とボソッと。それで実際に会ってみたら、メイがわたしの膝の上に乗ってきて、カズに「来るな！」みたいな感じになって。でも、メイは会いには行ったので、そのまま話を進めました。

いまもケンカをよくするんですけど、仲がいいところもある。メイが小学四年生くらいのとき、「二人でショッピングモールまで歩いて行く」って言うので、夫と二人でこっそり後をついて行ったことがあるんです。途中で道に迷ってしまったのですが、メイはカズの手を取って、「お姉ちゃんがいるから大丈夫だよ」って言っていて。二人で道を歩いていると、「お姉ちゃんが面倒見てくれていいわね」なんて言われることもあります。

――血のつながったきょうだいみたいに過ごしているんですね。

田中さん　そうなんですよ。カズもメイにやさしいんです。メイは、音楽番組の話とかどうでもいい話ばっかりずーっと話しているんですが、そんなメイの話も「うんうん」といつまでも聞いてくれています。もう少しわたしも一生懸命聞いてあげなきゃな……と思うんですけど、わたしはついつい「はいはい」ってなってしまうんですよね（笑）。いちばん下の子は、上の二人からかわいがられています。

――里父さんと子どもたちとの関係はどうですか？

田中さん　うちはわりと三人ともパパっ子ですね。ただ、メイが中学二、三年生になった頃からは、パパが干渉しすぎないように気を付けていたりします。

――まわりの人には里親であることを伝えていますか?

田中さん　自分の友だちとか学校の先生には、わたしが里親で子どもを預かっている、と伝えています。でも、子どもの友だちのお母さんには、必要なときにしか話していないです。委託されてきたときに「うちは里親で、子どもが来ました」っていう説明をするんですが、やっぱり「えっ!?」っていう感じになるので、もう少しみんなが知っていてくれたらやりやすいな、と思うことはありますね。子どもたちもその方が、過ごしやすくなると思うんです。

PROFILE

鈴木さん（40代女性）

父・姉と３人で暮らし、姉と２人で里親登録をしている。一時保護の子どもを委託されることが多い。

鈴木さんの場合

里親って大変って思われがちですが、短期の一時保護だってできるんです

――里親制度について、いつ知ったのでしょうか？

鈴木さん　40歳前後のときだったと思うのですが、ニュースで里親や社会的養護を受ける子どものことを見聞きするタイミングがあったんですね。そのときわたしは一人暮らしで、個人事業主として仕事も順調だったので、「預かれるな」と思ったんです。それで調べてみたら、独身は難しいという情報があって。「そうか、難しいのか」と思っていました。

――実際に里親を検討しはじめたのは？

鈴木さん　今から四年くらい前にもう一度調べたら、補助者がいれば独身でも大丈夫、ということが分かりました。ただ、補助者も必要なので「どうしようかな」と思って。その頃、母が亡くなって父と姉が二人で暮らしていたので、「だったら一緒に住んじゃおう」って。三人で住んでから、姉と父に説明したら「協力はするよ」ということだったので、里親になることにしました。

――ずっと里親をやりたかったってことなんですね。

鈴木さん　そう……ですね。20～30代は仕事を一生懸命して、自分のことだけで精いっぱいでしたが、40歳になっていったん仕事も落ち着いて。ふと自分の人生を振り返ったとき、なんて自分は恵まれているんだろうと思うことがあったんですね。それならこれからは、子どものための活動をしてもいいかなって思いました。

――中高生の委託が多いんですね。

鈴木さん　最初の頃は、男の子は小学校高学年からＯＫとしていて、中高生は女の子、とリクエス

トしていました。姉と二人で子育てするので、中学生の男の子が来ても難しそう、と思って。あと、わたしの地域では、一時保護の場合24時間ずっと一緒にいないといけないというルールがあります。わたしも姉も日中は仕事をしていますし、家で仕事をしているといっても、低学年の子だと勝手に遊んでて、というのは難しいかなと思ったので、中高生の女の子としていました。

とはいえ、中学生の女の子が続いていたので、小さい子も一度受けてみますっていう話をしたら、この間レスパイトで四歳の男の子が来ました。

――どうでした？

鈴木さん　いや〜、怪獣みたいでした（笑）。一泊二日だったんですけど、大変でした。特に、四歳ってどのくらいのことができるのか、危ないことをどれくらいわかっているのか、ということがよくわかっていなかったので、そこがいちばん大変でした。でも、とってもかわいかったです。

――中高生の女の子を育てる難しさはありますか？

鈴木さん　みんないい子ですごく楽しかったです。中学生にもなると、十何年も実親さんと一緒に住んできているから、子どもたちは自分が知っていること……つまり、いままで実の親にされていた理不尽なことや決められてきたこと、生活習慣などが当たり前だと思っています。

なかには「うん？」と思うこともあるんですが、それは「そうだったんだね」って聞いています。例えば高校進学にしても、親に言われて「こうじゃなくちゃいけない」と思い込んでいたりして。

――もともとの環境で培った部分ですね。

鈴木さん　そうですね。その子に「自分の意思を出していいんだよ」ということをどう気づいてもらうのか、いつも悩みます。わたしが「いいんだよ。これからは自由だよ」と言ったって、その子はいままで自分で選択してこなかったから、急にそんなこと言われても「自由って何だろう」みたいになっちゃうんだと思います。そのあたりが難しいのかもしれません。

――在宅で仕事をしていると、子どもがいるというのも大変ではないですか？

鈴木さん　基本的には、うちに来てくれた初日に、本人にスケジュールを組ませています。「朝、何時に起きますか」「朝ごはんは何時に食べますか」という感じで、本人に決めてもらっているんです。もちろん守れないこともあるけど、自分で組んだスケジュールなので、守れなかったときには、子どもがすごくばつの悪そうな顔をしていますね。

子どもも、一緒に過ごしている大人が何をしているのか、何も知らずに過ごすよりも知っておくほうがいいと思うんですね。だから、わたしの一日のスケジュールを子どもと共有して了解してもらっています。その日の行動をあらかじめ共有することで、子どもを一人の人間として尊重したいという意味合いもあります。

――これから、いろんなご家庭の里親が増えていくといいですね。

鈴木さん　ご夫婦だけではなく、独身女子でもできるし、同性カップルでもできるので、どんどんそういう人たちが増えていくといいなって思います。

里親っていうとすごく大変って思われがちですが、一時保護だってできるんです。「一週間しかできません」って言っておけば、児童相談所さんが対応してくれます。「限定的な人も活動していい」ということを知らない人がいっぱいいると思うので、たくさんの人に知ってもらいたいです。

COLUMN

里親それぞれの思い

今回、ふたりの里親さんにお話を伺いました。子どもを委託された期間や年齢、人数なども違うおふたりだったので、バラエティーに富んだ興味深いお話が聞けたと思います。まったくタイプの違う里親さんたちでしたが、同じ里親同士、わたしとの間にもいくつかの共通点があり、取材していてすごく面白いと感じました。

共通点の１つは、おふたりとも委託されてきたお子さんが好きだということ。もちろん大変なこともあるようでしたが、おふたりがお子さんをとてもかわいいと思っていて、楽しく過ごしていることが伝わりました。わたしも夫と「自分たちの血のつながった子どもだったら、同じようにこんなにもかわいく思えるんだろうか」と話し合うときがあるくらい、子どもがとてもかわいいと思える瞬間がたくさんあります。

２つ目は、里親になる前となった後で、マイナスな面で「思っていたことと違う」ということがなかったことです。おふたり目の鈴木さんに同じ質問をしたところ、「いや〜、それはなかったですね」との答えでした。わたしも里親になる前は、子育て中の友だちの話から「自分の時間が持てなくなるのでは」「イライラすることが増えるはず」とマイナスなイメージを持っていました。でも実際は、ただただ子どもがかわいくて、幸せが増えるんだなぁと思いました。

そして３つ目は、まわりの人への伝え方です。里親であることを隠しているわけではなく、どちらかといえば、どんどん言いたい気持ちもあります。でも、あまりにも里親という制度が知られていないので、伝えるのは難しいなと思うこともあります。関係の深い人には伝えられても、そうでない人には言わないこともあります。「里親です」と言っても、「あ、そうなんですね」とさらっと受け止めてもらえる、そんな日が来るといいなと思っています。

第3章

「里親制度」を知っていますか？

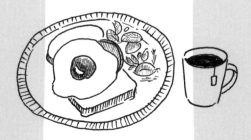

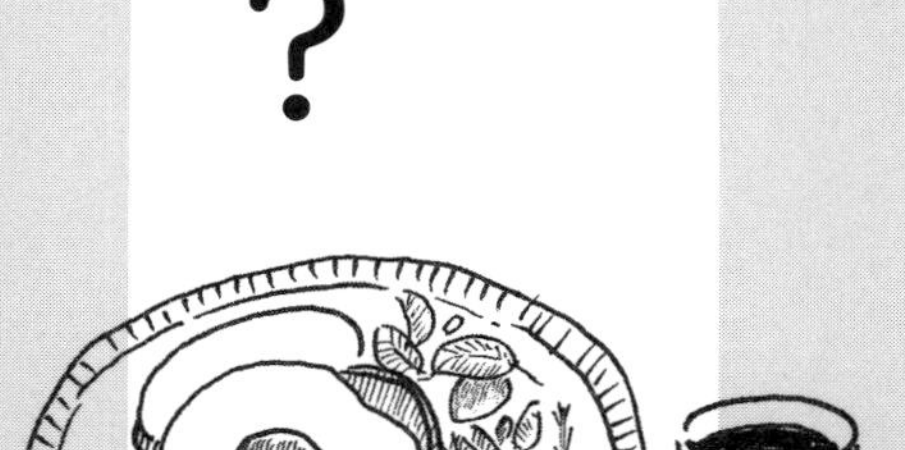

里親って養子縁組とは違うの？

よく聞かれるのが「里親って養子ってこと?」ということ。実は里親制度と養子縁組制度はまったく違うものなのです。

里親制度は、保護された子どもが親（生物学的つながりのある実の親）のもとに帰れることを目指しながら、一時的に養育することを里親家庭の役割としています。つまり里親は、子どもの実の親になるわけではなく、お父さんお母さんの代わりとして育てる役割を担います。里親は、子どもの養育を自分たちだけで担うのではなく、児童相談所などのサポートを得ながら、子どもをサポートしていくことができます。また、自分の仕事や状況など、その時々のライフスタイルに合わせて、子どもを短期間預かったり長期間預かったり、乳幼児や中高生を預かったり、ということも、場合によっては可能となります。

子どもが実家庭に帰れそうだと予測できるときや、電話や手紙、面会などがあり、親子関係を続けていけそうだと判断できる場合は、里親家庭に預けることが望ましいと考えられます。

一方で養子縁組制度は、養親《ようしん》となる大人が、法的・恒久的・全面的に、その子どもの親となる制度です。養親は生涯にわたってその子どもの親になり、責任を担うことになります。一人の子どもを、自分の子どもとして見守っていくことができます。

どちらも子どもにとって、とても大切な制度です。児童相談所などの子どもに関係する機関は、その子どもにとっていちばんいい選択をする必要があります。

保護された子どもが、帰れなさそうだ、実の親の後ろ盾なしに生きていかなくてはならなさそうだ、と予想されるときには、養子縁組が望ましいと考えられます。

「里親」は四種類ある

里親は、１１３ページの表のように養育里親、専門里親、養子縁組里親、親族里親という四種に分かれています。

里親の種類（4種類）

里親種別		
養育里親		家庭で育てられない子どもを一定期間養育する
	専門里親	虐待を受けた・障がいがある・非行の問題があるなど、専門的な援助を必要とする子どもを養育する
親族里親		両親が死亡、行方不明などで子どもを育てることができなくなった場合、子どもの扶養義務のある親族が養育する
養子縁組里親		将来にわたり家庭で育てることができない子どもを養子縁組を前提に養育する

この他に、ファミリーホーム（FH/小規模住居型児童養育事業）という5～6人の子どもを養育する里親制度があります。

養育里親とは

養育里親は、もっとも一般的な里親の形態です。第一章であったショートステイのように、ごく短期間である場合や、数週間～数ヶ月の短期間、あるいは一、二年、三、四年、またはそれ以上という中長期間、子どもを養育することもあります。

基本的には、一定期間養育するのが養育里親ですが、子どもや子どもの実の家庭の状況によっては、18歳もしくはそれ以上の子どもを養育することもあります。

養育里親は、共働きの方や実子がいる方でもなることができますし、子育て経験がない方でも養育里親になれます。単身の方、同性パートナーの方でもなることができます。

子育てをしたことがなくても、特段の心配はいりません。養育里親として登録されるまでに研修や実習などがありますし、子どもを預かってからもさまざまな研修に参加することができます。

困ったことがあれば、児童相談所や里親を支援する機関に相談することができ、地域の先輩里親と交流することもあります。

もちろん、子どもを保育園に入れることもできます。子どもを預かっている間、冠婚葬祭や「少し子どもから離れて休みたい！」というときには、一時的に他の里親さんに子どもを預かってもらう「レスパイト」というサポートもあります。

たくさんの子どもを預かるファミリーホーム

「※ファミリーホーム」では、五、六人のやや多人数を養育します。　ファミリーホームには、里親として経験が豊富な夫婦や法人、または個人がなることができます。子どもを五、六人一緒に養育するわけですが、同じ子が長年いるとは限らないし、短期の子どもがいたり長期の子どもがいたりするので、ファミリーホームの運営は、里親としての経験年数や、児童養護施設などの施設職員をしていたか、という経験が問われます。もしあなたが「ファミリーホームをやりたい！」と思ったら、いくつかの要件がありますので、まずはお住いの自治体に問い合わせるとよいでしょう。

施設と大きく異なるのは、養育者が子どもたちと同じ家に住んで、生活をともにしているかどうかというところです。第四章でもう少し詳しくふれますが、養育者と生活をともにするということは、子どもにとって大きな意味を持ちます。

子どもの人数は養育里親よりも多くなりますが、子どもたちはお互いに影響し合いながら成長します。子ども同士で育ち合えることもファミリーホームならではといえるかもしれません。

※第二種社会福祉事業に位置付けられており、小規模住居型児童養育事業を行う住居のことをいいます。
ファミリーホームは、「二名の養育者（夫婦）と補助者一名以上」または「養育者一名と補助者二名以上」で運営されますが、養育者はファミリーホームに住んでいる人でなければなりません。

社会的養護を受けた子どもたちの行き先

社会的養護を受けた子どもたちは、「永続的な家族関係」が持てる順番に基づいて行き先を決められることが望まれます（日本ではまだ実現できることは少ない）。

「永続的な家族関係」とは、ずっと続く家族関係ということ。子どもが、自分を愛し大切にしてくれる大人とともに暮らすことです。たとえば、子どもが自分の未来を想像したときに、「きっと、この人は、何があっても自分を応援し続けてくれる、就職をして仕事をはじめたとき、結婚したとき、子どもを産んだときに、『おめでとう』と言ってくれるだろう」とイメージできる関係のことをいいます。

子どもはこの永続的な家族関係をベースにして、家庭で育つことが大切だと国際的にもいわれています。この考え方から、保護された子どもの行き先には明確な優先順位がついているのです。

まず優先されるのは「実家庭に帰ること」です。それが難しければ、次に「親族や以前から知り合いである知人の家で育てられること」です。子どもの過去の思い出を共有できる人に育てられることで、子どもは安心できるからです。

さらにそれが難しければ、「特別養子縁組（もしくは普通養子縁組）をすること」。これによって、生涯にわたる永続的な家族関係を築くことができます。

それも難しければ「里親委託またはファミリーホームへの委託」です。できる限り「家庭」で子どもを育てることを優先するからです。

そしてさらにそれも難しい場合には、「児童養護施設などの施設で育てられる」という優先順位になっています。

里親になるには

里親になるには、左記の1～3の要件があります。また、登録前に家庭調査を受けたり研修を受けたりする必要があります。

もしあなたが「里親になりたい！」と思ったなら、お住まいの地域の児童相談所に問い合わせてみてください。

里親になる要件

① 里親養育についての理解や熱意、子どもへの愛情がある

② 経済的に困っていない

③ 子どもにかかわる犯罪を犯したことがない

里親になるまでのステップ

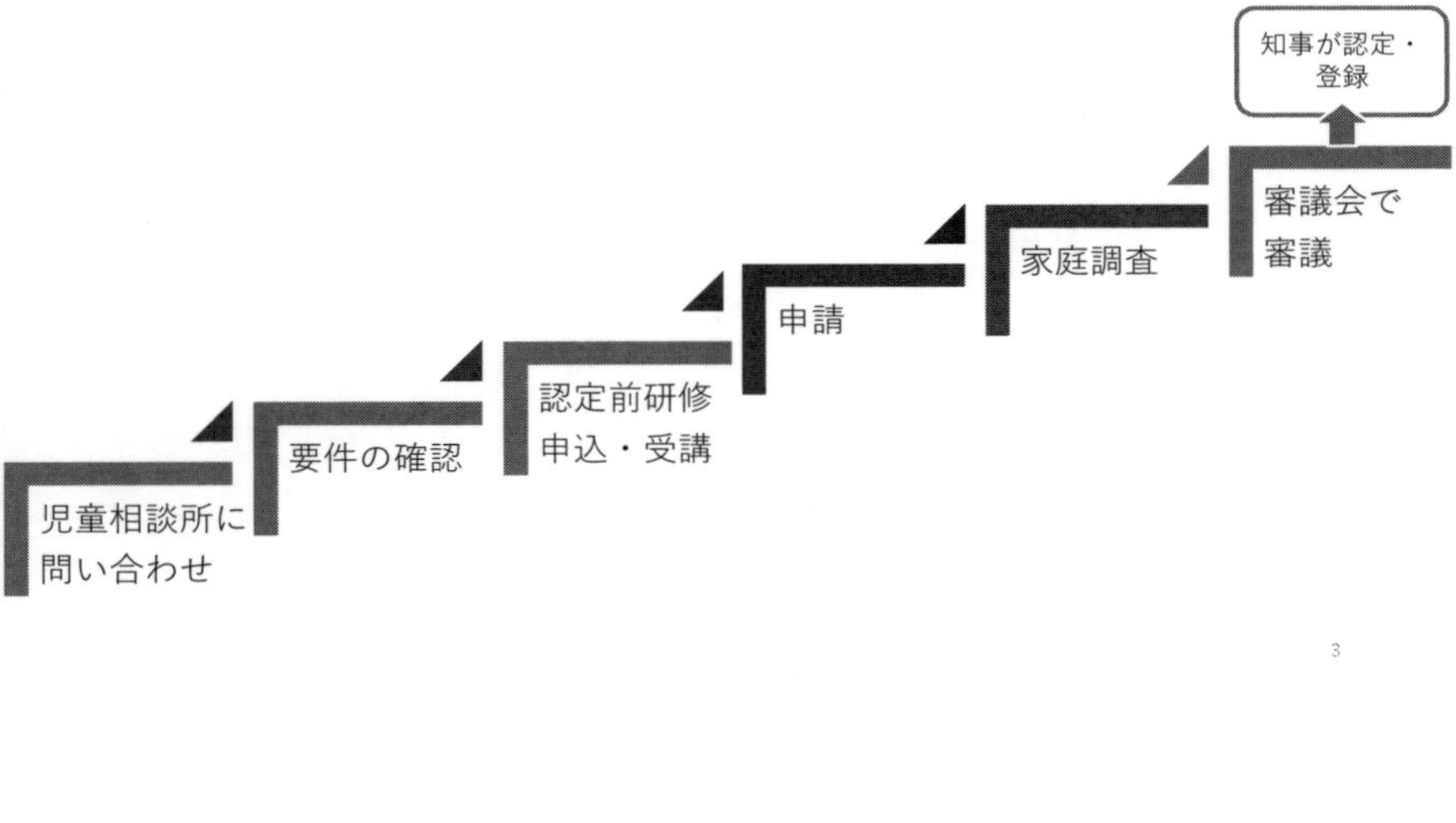

子どもが委託されるまで

里親に登録した後は、子どもが紹介されるのを待つばかりです。児童相談所に候補の子どもがあがってくると、児童相談所や里親を支援する機関から電話が入ります。このときまたは後日、子どもの年齢や性別、大まかな経緯などを聞くことができます。その後、預かることを前提に「会ってみようかな」と思えば、子どもと顔合わせをすることになります。面会交流や外出、外泊などが行われ、問題がなければ預かることになります。

ただ、里親に登録したからといって、すぐに子どもが来るわけではありません。その里親の生活状況などを考慮して、無理なく預かることができる子どもがいたときに委託されるのです。

早くても数ヶ月、長いと一年以上待つこともあります。里親を支援する機関がさまざまな研修を開催しているので、いろいろな研修に参加しながら待つのもよいでしょう。

COLUMN

両親が里親になった！

わたしが最初に就いた仕事は、児童養護施設の職員です。そこで経験した、里親さんとの素敵なエピソードがあります。わたしがその里親さんに直接会ったわけではないのですが、夏休みだけ里親さんのところにお泊まりに行ってきた施設の子どもが、以前とまったく違うポジティブな変化を遂げていたのです。

たとえ数日間でも、家庭で過ごすことで子どもには大きな影響が与えられるんだ、と痛感しました。このとき「子どもは家庭で育つのがいいな」と感じたことから、児童養護施設を退職、のちにわたしが里親となるきっかけにもなりました。

児童養護施設を退職したわたしは、実家の両親に児童養護施設で出会った里親さんの話をしました。わたしはそのとき「うちも里親をやろうよ」と言ったみたいです。自分がそんな提案したことはあまり覚えていませんが、そのとき父が「じゃあ、うちが里親になろうか」と言ったのはよく覚えています。わたしたち実子が５人いた両親。一番下の弟もまもなく高校生という時期で、父は「ちょうど子どもの声が聞こえなくなって、さみしいなと思っていたんだよ」と言いました。母はのちに「10年くらい前に市民センターで里親のポスターを見て、気になっていた」と言っていました。

でも、まさか本当にうちの親が里親になるなんて！　正直そのときは信じていませんでした。単なる相づち程度のこと、と思っていたのですが、両親はさっさと手続きを進め、担当の人が家庭調査に来た段階で、本気だったんだ……と気づきました。そもそも本当は、里親になりたかったのはわたしだったので、「親に先を越された！」と思いました。

その後、半年経って初めて実家に子どもがやって来ました。そこから少ししてちょうど制度改正でファミリーホームが創設され、6人ほどの子どもがいた実家は、ファミリーホームになったのでした。

第4章

児童養護施設と家庭養育

児童養護施設について

児童養護施設とは、社会的養護の、二歳〜18歳までの子どもを、一定期間預かる施設です。おおむね〇〜二歳の乳幼児期の子どもは、乳児院という施設に預けられます。

児童養護施設には、いいところもあれば、子どもがさみしい思いをしたり、一般の生活とは違うところがあったりします。特徴を書き出しました。

児童養護施設の職員は専門職

児童養護施設の職員は、保育士や児童指導員、心理療法担当職員、家庭支援専門相談員、里親支援専門相談員、自立支援コーディネーターなどの専門職集団です。

子どもたちは施設のなかで、保育士や児童指導員などと一緒にご飯を食べたり、宿題をしたりテレビを見たりゲームをしたりして、一般家庭と変わらない日常生活を過ごします。

食事は栄養士がバランスの取れる食事を考えてくれますし、子どもに少し不安定なところがあったり悩みを抱えているときには、心理療法担当職員のカウンセリングを受けたり、他の職員に話を聞いてもらうことができます。

日常を一緒に過ごす保育士や児童指導員などが養育に悩んだときには、先輩職員が悩みを聞き、アドバイスをしてくれます。もしどうしても難しくなったときは、担当する職員を別の職員に代えることもできます。

つまり、一人の職員と相性が合わなくても、住む場所を変えることなく、同じ施設で過ごせるのです。たくさんいる専門職の人たちが、それぞれの視点で一人ひとりの子どもの育ちを見守り、成長していくのをサポートしてくれます。

遊ぶ友だちがいる

子どもに「児童養護施設のよいところは?」と聞くと「遊ぶ友だちがいつもいること!」という答えがよく返ってきます。

児童養護施設はさまざまですが、六〜八人の子どもで一つのユニットを形成しています。それぞれの部屋があるものの、リビングのような場所で食事をしたり、テレビを見たりするところが多くあります。ユニットの形成の仕方もさまざまで、小学生男子だけのユニット、中高生女子だけのユニット、のように横割りにしている施設もあれば、幼児も小学生も中高生もいる、という縦割りの施設もあります。

定員はさまざまですが、だいたい30人〜100人くらいが定員です。ユニット内に同じくらいの年齢の子どもがいなかったとしても、施設内には同年代の子どもが何人かいることになります。学校から施設に帰ればだれかしらはいて、毎日遊べるのは楽しいものです。

職員が交代する

児童養護施設の職員は、約八時間ごとの交代制です。もしくは、子どもが学校などに出かける朝と、学校から帰ってきてからの夕方〜夜にかけて出勤するという、断続勤務になります。断続勤務の場合は、夜は宿直を交代で行っています。仕事なので当然休日もあります。

子どもによっては、自分たちが生活している空間で、職員が「生活」というより「仕事」としているのをさみしく感じるようです。また、朝「行ってきます」と言ったときと、夕方「ただいま」と帰ってくるときでは職員が違ったり、夜「おやすみ」と言う職員と、朝「おはよう」と言ってくれる職員が違ったりすることをさみしく感じることがあります。

食事をあまり持ち越せない

家庭では、前の日に作りすぎたカレーを次の日も食べたり、リメイクしてカレードリアにしたりカレーうどんにしたりする、ということがありますよね。しかし、多人数の子どもが生活する施設では、食中毒などのリスクを配慮して、次の日に持ち越すことはあまりありません。施設によっても異なりますが、翌日には持ち越さない、あるいは次の日の朝〇時まで、などと決まりがあります。

グループホーム（地域小規模児童養護施設）

本体の施設はあるものの、そこから離れた地域のなかに一般的な家を構え、四〜六人くらいの子どもが暮らす形態をとっている「グループホーム」もあります。小規模にすることで、より家庭的な暮らしができるのがいいところです。大きな施設では、集団での生活のためにどうしても制約が多くなりますが、グループホームでは子どもたちへの制約も最小限ですみます。また、食事も調理室で料理するのではなく、家のなかで職員が作るので、その日に食べたいものを聞いたり、明日食べたいもののリクエストを募ったり、子どもの気持ちを反映することができます。

より少人数で家庭的なグループホームは、子どもの育ちにとって望ましく、現在児童養護施設では、グループホームを増やしていく努力がなされています

里親家庭について

ここでは、里親家庭について詳しく解説します。里親家庭での養育は、子どもにとってメリットが多くありますが、もちろんそうでない部分もあります。

ずっと同じ人が家にいる

里親家庭では、里親も同じ家に住んでいるので、ずっと同じ養育者が家にいて、子どもと過ごします。特定の養育者が一貫して子どものケアにあたることが、子どもの発達上望ましいことは、発達心理学的にも脳科学的にもエビデンスをもって証明されています。

「いってらっしゃい」「おかえり」、「おやすみ」「おはよう」と言う人が同じであることは、子どもにとっての安心感につながるのです。

いろんな場面を体験できる

里親は単身の世帯もありますが、多くの場合は夫婦で里親になっています。同じ家に住んでいる大人同士のけんかを見ることも、子どもにとってよいことではないかとわたしは思っています。もちろんけんかのし過ぎは問題です。でも一定の範囲であれば、大人同士が言い合って、それをどのように収めていくのか、あるいは妥協し合っていくのか……。

つまりどんなふうに仲直りしていくのかを見ることで、子どもは人間関係を学ぶことができます。子どもが大人になったとき、他人と関係をどう作っていくかのモデルにもなるのです。

また、一緒に住んでいれば、風邪をひいたり具合が悪くなったりする大人の状況も見ることができます。施設だと、職員は仕事を休まなければなりませんが、里親家庭だと、風邪をひいても同じ家で一緒に過ごさなくてはなりません。子どもから大人が風邪などをうつされることも、逆に大人が子どもにうつすこともありますよね。

具合が悪くて動けない里父・里母を子どもが気遣って、普段はやらないけど今日は洗い物をしてあげようかな、という日もあるでしょう。風邪をひくという日常さえ、子どもの成長につながることもあるのです。

家庭のルールを一緒に決められる

児童養護施設では、施設ごとにすでに決められたルールがありますが、里親家庭では、家族みんなでルール作りをすることができます。一般家庭でも、すでに家族にとっては暗黙の了解となっているようなルールもありますよね。

子どもに聞くと、里親家庭では、自分も含めて家族のみんなでルールを決められることがよいと言います。門限やスマホ、ゲームの時間なども、大人と子どもが一緒にルール作りに参加できるのです。

フレキシブルに動ける

施設では難しくても、家庭単位ならフレキシブルに動けます。たとえば旅行先で、予定にはなかったけれど「あっちにも行ってみよう」「こっちにも行ってみよう」ということはよくあることです。逆に、思ったよりも疲れたからこの予定はスキップしよう、ということもあり得ます。

たとえば、普段は家で夕食をとるけれど、里親が「今日は仕事で疲れたから」とか「帰りが遅くなるから」といって急に外食となることもあるでしょう。「疲れているから」「汗をかかなかったから」今日はお風呂に入るのはやめちゃおうか、ということもあると思います。一般家庭ではなんてことない日常ですが、こうした予定にない行動をとれることも、家庭で養育することのよさであるとわたしは思っています。

家庭のなかが密室になる

一般の家庭でもあり得ることですが、家庭のなかは密室です。外からは見えづらく、虐待を含め子どもの日常が分からないことがあります。

ですから里親家庭では、なるべくオープンな子育てができるよう配慮されています。児童相談所や里親支援機関の職員が来てくれたときには、日々の子育てについて話したり、悩みを打ち明けたりして、みんなで子どもの暮らしを守っています。

里親は専門職ではない

里親は専門職ではありません。里親をやりたい！　と思ったら、ガイダンスや研修、家庭調査などを経て里親になるのです。子どもの養育で分からないことは、児童相談所や里親を支援する機関に頼る必要があります。

専門職ではないことを、心もとないと思う方もいるかもしれません。でもわたしは、里親は専門職ではないからこそよい、とも思っています。「ただのふつうの家庭」であるからこそ、できることもあります。そして子どもたちは「ふつう」を求めているのです。

ある高校生に「どうして里親家庭がいいと思ったの？」と尋ねたとき、「自分の家がふつうじゃなかったから、『ふつうの家庭』ってどんな感じなのかなと思って。『ふつうの家庭』で暮らしてみたかったんだ」という答えが返ってきたことがありました。「ふつう」の定義は難しいですが、そう言った子どもの気持ちは分かるような気がします。ただの『ふつうの家庭』であることが、里親家庭の強みにもなるのです。

COLUMN

子ども自身の人生を生きていくために

突然ですが、里親家庭と児童養護施設、子どもたちはどちらに行きたいと思うでしょうか？

「いまさら知らない家庭にお世話になるのはいやだ」「窮屈だ」と、施設がよいと思う子どももいれば、里親家庭であれば「（施設よりも）自由度が高い」「学校から近い」「（施設だと多数と関わりが必要だが）少人数なのがよい」「ふつうの家庭にいきたい」と思う子どももいるでしょう。

最近では、「どの里親家庭か」は選べないにしても、「施設か」「里親家庭か」という点については、子どもの意向を尊重してくれる児童相談所が多くなりました。自治体内の里親家庭や施設が少ないなど、物理的な状況によっては選択肢がなく、子どもの希望に沿えないこともありますが、尊重したいという気持ちで働く方も増えてきています。子ども福祉の業界では、「子どもの声を聴く」ということが重要視されるようになってきたのです。

実はこれまでは、特に子どもが保護されたとき、実家庭に帰るのか／帰らないのか、帰らない場合、施設か／里親家庭か、どの児童養護施設か／どの里親家庭か、ということは、大人（児童相談所）だけで決めてきました。

しかし海外では、言葉が分かる年齢（２～３歳）であれば、子どもと見学に行き、実際のようすを見たうえで、「どの里親家庭か」を選択してもらう取り組みを行っている国もあります。そんなことから、日本でも少しずつ子どもの意見を聴こう、という取り組みがはじまっているのです。

そうして日本ではいまようやく、子どもの声を聴く体制を整えようとしているところです。もちろん、子どもの思いが必ずしもすべて反映されるとは限りません。けれどもわたしたち大人は、子どもの思いをていねいに聴かなくてはなりません。子どもと一緒に考え、子どもが納得した形で自分の人生を自分で歩んでいけるよう、サポートすることが大切なのです。

第5章

子どもにやさしい国を目指して

あとがきにかえて

日本は子どもにやさしい国？

日本では二〇〇〇年以降、里親家庭など「家庭で子どもを養育する家庭養護」を推奨しています。子どもと同じ家に住み、生活を共にする特定の養育者がいることが、子どもの発達上よいとされているからです。

また、たとえば虐待を受けた子どもにとっても、より配慮が行き届きやすいのが、少人数での養育です。

諸外国では一九六〇～七〇年代頃から、子どもが家庭で育つことのよさが認められています。そのため大規模施設はほとんどなく、里親家庭や養子縁組家庭など、家庭での養育が主流となっています。家庭でないにしても、地域にある一般的な家（日本のグループホームのような）で、少人数で暮らすことがほとんどです。赤ちゃんが預けられる日本の乳児院のような施設がない国もあります。

国際的な条約である「子どもの権利に関する条約」でも、子どもが家庭で育つことを推奨しており、日本もこの条約に批准しています。しかし日本では、社会的養護を受けている子どもの約八割が、乳児院や児童養護施設などの施設で養育されています。里親家庭など家庭で養育されている子どもは、約二割にすぎないのです。

国が違えば制度も文化も異なるので一概には言えませんが、日本の社会的養護を受ける子どもたちの行き先があまりにも施設に偏っていることについて、国連子どもの権利委員会からこの20年、再三勧告を受けています。

日本では、社会的養護を受ける子どものほとんどが、選択肢なく施設で養育されています。日本は残念ながら、子どもにやさしい国であるとはいえない現状にあるのです。

また、里親家庭や施設で育つことがふつうのことだと思っている人は少ないでしょう。そんな「ふつうではない暮らし」をするしかない子どもにとって、日本は冷たい国であるといっても過言ではないかもしれません。

オープンにしたくてもできない

里親は、里親制度について知ってもらうためにも、子どもに嘘をついたりつかせたりしないためにも、里親であることをまわりに隠さずオープンでいるよう求められています。しかし、第二章で行った現役里親へのインタビューでもあったように、世の中が里親について知らないので、里親であることを自然な形で明かすのがとても難しいのです。

多くの場合、子どもは「ふつう」であることを望んでいます。でも、里親家庭で育つことが「特別だ」とされる現状では、子どもを「自分はふつうではないんだ」という気持ちにさせてしまうでしょう。ときにそれは、「ふつう」ではないがゆえに生じている実の家族の問題や、自分自身のアイデンティティの問題を突きつけることにもつながります。

里親は、子どもの生い立ちや保護された経緯などはまわりの人に話せませんが、自分が里親であるということは話してもいいのです。でも、子どもがまわりに「特別だ」と思われることが嫌なのであれば、里親も口をつぐむしかありません。

親と一緒に暮らしたかったけれど、いろいろな理由で難しい状況にある子どもがいること。血のつながりはないけど親子であること。急にきょうだいが増えることもあること。苗字の違う親子きょうだいがいること。お母さんやお父さんが二人いることもあること。家族は何人？と聞かれても、答えられなくて困ることがあること……。

まわりの人がただ知っていてくれさえすれば、問題にもならないことです。まわりの人が知らないから、「変だ」「ふつうじゃない」と思われてしまうのです。わたしは、子どもが里親と住んでいることを隠して、うしろめたい思いをしているところを何度も見てきました。

問題は、里親や子どもがどのように伝えるか、ではなく、もっと多くの人が里親について正しい理解を示してくれるかどうか、なのです。たくさんの人が「里親家庭で育つこともふつうのこと」ととらえてくれれば、里親の負担も子どもの負担もぐっと減ることになります。

社会的養育について

いま、日本では少しずつ「社会的養育」を推し進めています。社会的養育とは、すべての子どもを社会で養育するということ。子どもの権利やニーズをいちばんに優先し、その家庭のことも考慮して※行われなければならない、とされています。一般家庭の子どもも里親家庭の子どももすべての子どもが対象で、子どもが胎児のころから自立するまで、子どもの意思とニーズを大事にしながら、社会で見守っていこう、というものです。

第三章では、社会的養護を受ける子どもの行き先の優先順位を紹介しました。そのような子どもたちは、まず実家庭で暮らせるよう、最大限のサポートをすることが優先されます。保護をしている子どもを危険な家に帰すのか、という議論もありましたが、もちろんそういうことではありません。あくまでも子どもにとって良いかどうかが基準であり、子どもにとってよい場合は、実家庭で暮らせるようサポートする、ということです。

多くの場合、子どもは親といることを望み、親も子どもと暮らすことを望んでいます。子どもの住む場として実家庭が最優先であることは、「子どもの権利条約」にも明記されていて、国際的に合意されていることです。ただし現状の日本では、親子が分離されないこと、または再び関係を構築できるようになるには、まだまだ社会の側の整備が不足しています。

※新たな社会的養育の在り方に関する検討会（2017）「新しい社会的養育ビジョン」

虐待はなぜ起こるか

第一章のゆいちゃん編でも紹介したように、夫婦間の不和や離婚、それにともなう経済的な困難が発端となって、虐待に発展してしまうこともあります。うつ病や依存症を抱えていても、周囲の人に相談できず、より状況が悪化していくこともあります。虐待の原因についてはさまざまな事態が複雑に絡まり合って、一つに定められないのですが、多くの場合「その家族が孤立している」という共通点があります。

複雑に重なった困難に陥っても、相談する人や頼る人がいない……。そんな孤立した家族のなかで虐待が起こり、子どもは里親家庭や施設で暮らすことを余儀なくされます。親にとって、それは「選択したこと」ではなく、自分が置かれた環境のなかで「選択せざるを得なかったこと」といえます。

孤立を防ぐためには、地域の人たちとの関わりが重要です。親子が度重なる困難に疲弊する前に、さまざまな人たちとの関わりがあることが大切になるのです。

わたしたちがニュースで目にするように、虐待によって子どもが亡くなってしまう場合、その責めの対象は児童相談所となります。しかしながら本当は児童相談所だけではなく、社会全体に責められるべき点がある、というのがわたしの意見です。わたしの立場からは、児童相談所だけがテレビで謝罪する構図には疑問があります。

とはいえもちろん児童相談所にも、いくつかの改善すべき点があります。地域の人々や地域の資源（市町村やこども家庭支援センター、学校、保育園など）との連携もその一つです。もしも親子が地域で孤立していたら、児童相談所に親子のようすを伝えることができないので、児童相談所も虐待を判断する十分な情報を得ることができません。子どもの命を救うためには、地域の助けが必要なのです。

社会の仕組みが要になる

いったん社会的養護を受けた子どもが、親と一緒に暮らせるよう環境を整えることは、実はいまの日本社会ではなかなか難しいといえます。

たとえば親子がお互いに一緒に暮らしたいと望んでいた場合、児童相談所では（地域による）、親に課題を提示することがあります。「親が仕事をして子どもと暮らしてもお金に困らないようにする」「ただし、子どもと一緒に過ごす時間も大切にできるようにする」など……、子どもと暮らす環境を整えることを提示されるのです。

でも、考えてみてください。いくら仕事を探しても、夜通し荷物を運ぶ運送業のような仕事や、午後から夜にかけて、早朝から昼にかけての仕事しか見つからなかったら、どうすればいいのでしょう。精神的な課題を抱えている親や、学歴が障壁となる親、また、ひとり親だったとしたら、どんなに本人たちが一緒に暮らしたいと望んでも、その課題をクリアすることができません。

子どもと過ごす時間も大切にしながら、親子が暮らせるだけのお金を稼ぐことは、実はそう簡単なことではないのです。

わたしたちの社会で、この、「仕事」と「子どもと過ごす時間」という矛盾を解決するには、親子が経済的困難を解決できるだけの制度を整えていかなくてはならないのです。

日本は、恵まれた環境に生まれ、小中高大学を順調に卒業して就職して結婚する、というライフコースをたどる人にとっては、やさしい社会かもしれません。けれども、そのコースを少しでも外れなくてはならなくなった人には多くの困難がのしかかる、冷たい社会の仕組みになっているのではないでしょうか。

「社会的養育」という言葉に込められているのは、親子が望むならできるだけ分離しない環境を整える、ということです。

そしてたとえ分離したとしても、再び一緒に暮らせる環境を整えるために、社会全体で子どもを養育することです。長い道のりになるとは思いますが、すべての子どもがのびのびと生きていくことができる社会にしていかなくてはなりません。

すべてのことが「ふつう」に

わたしは、家庭で暮らせる子どもが一人でも増えるといいな、と思っています。自分一人を大切に思ってもらう体験を、すべての子どもにしてほしいからです。

わたしはこの本を、できるだけ多くの人に里親と子どもの暮らしを知ってもらいたい！　と思って書きました。一般に「家族」というと、「できれば両親そろっていたほうがいい」「一緒に住んでいるのは、当然血のつながった家族だろう」と思っている人が多いのかもしれません。それが「常識」であり「ふつう」だと、多くの人が思っているのではないでしょうか。

でも、そうではない家族がいることも知っていてほしいのです。そして、そうではないことが悪いことではないことも、知ってほしい。

現代は多様性の時代ともいわれています。ステップファミリー（子どもと一緒に結婚や同居をしてできた新しい家族）や三世帯家族、ひとり親家族、同性カップルなど、いろいろなカタチの家族がいることを、少しずつみんなが「知る」ようになってきています。でも、そんななかでも里親の存在はまだまだ知られていないのです。この本を読んでくださった方が発信者となって、ぜひまわりに広めていってください。

里親家庭に暮らす子どもだけでなく、いろいろな家族の形を差別なく、みんなで見守っていく。どんな形の家族の子どももののび育っていく。日本がそんな子どもにやさしい国になっていくよう、一緒に歩んでいけるよう願っています。

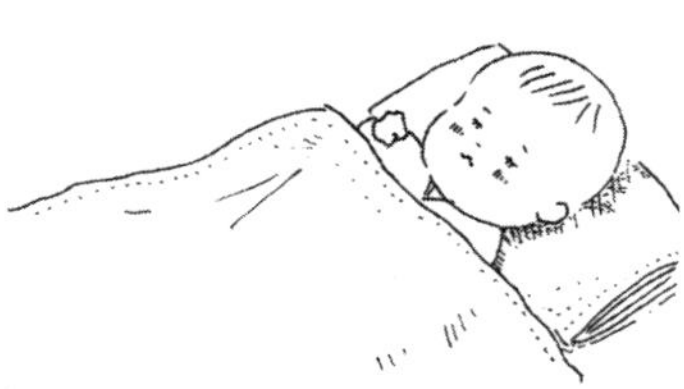

P113 の図は、こども家庭庁のホームページを参照し、著者が作成。
P116 の図は著者作成のもの。

三輪　清子（みわ　きよこ）
明治学院大学社会学部社会福祉学科准教授
児童養護施設に２年間、学童保育所に３年間勤務したのち１年間の渡米を経て東京都立大学に入学。その後大学院に進学し、卒業後立正大学社会福祉学部社会福祉学科助教を経て現職、社会福祉士の養成に携わる。一貫して里親に関することを研究し続けている。1998年から実家が里親家庭となり、７年間委託されてきた子どもたちと生活した。現在は東京都の養育里親として１名の子どもを受託している。

絵：わたなべ　としえ
SNSに掲載した柔らかくてかわいいイラストが編集者の目に留まり、本作でデビュー。夫の実家がファミリーホームであるなど、里親家庭に理解と尊敬の思いがある。小学６年生を頭に６人の子どもを持つ母親。
著者は義姉。

編集協力　吉川愛歩
ブックデザイン　吉崎広明（ベルソグラフィック）

もしかして　となりの親子は里親子!?　里親家庭10組の、おとなと子どもの物語

2024年6月2日　　初版第1刷発行

著　者　三　輪　清　子

発行者　柴山　斐呂子

発行所　理工図書株式会社
〒102-0082　東京都千代田区一番町27-2
電話03（3230）0221（代表）
FAX 03（3262）8247
振替口座　00180-3-36087番
https://www.rikohtosho.co.jp
お問合せ info@rikohtosho.co.jp

ISBN978-4-8446-0952-0

印刷・製本　平河工業社